Johann Michael FISCHER

Franz Peter
Franz Wimmer

VERLAG ANTON PUSTET

Johann Michael Fischer, 1692 – 1766,

war „der erfolgreichste Architekt seiner Generation in Süddeutschland".

(Sir Nikolaus Pevsner).

Er baute 32 Kirchen, zahlreiche Klöster und Profanbauten.

Er gilt als der Architekt der Oktogone.

Inhalt

Vorwort — 4

„…ein Kunsterfahrn Arbeitsam Redlich und Aufrichtiger Mann" — 5

1720 bis 1734
Anfang in München und erste selbständige Aufträge — 7

1735 bis 1739
Drei Meisterwerke europäischer Sakralbaukunst — 51

1740 bis 1748
Großaufträge als Architekt und Bauunternehmer — 75

1749 bis 1758
Meisterwerke im kleinen Maßstab, Profanbauten und vergebliche Bewerbungen — 107

1758 bis 1766
Letzte Glanzpunkte Fischerscher Raumkunst — 127

Hinweise zu Planzeichnungen und Architekturmodellen — 150

Literatur zu Johann Michael Fischer (Auswahl) — 151

Abbildungsnachweis — 151

Karte — 152

Vorwort

Dieses Buch stellt in einführenden Texten, Planzeichnungen und Schwarz-Weiß-Fotografien das Lebenswerk des Architekten Johann Michael Fischer vor.

Aufbau, Text- und Bildmaterial stammen von der Johann Michael-Fischer-Ausstellung, die 1995 von der Stadt Burglengenfeld, dem Diözesanmuseum Regensburg und dem Haus der Bayerischen Geschichte in Fischers Geburtsstadt Burglengenfeld veranstaltet wurde und bis heute an wechselnden Orten gezeigt wird. Das wissenschaftliche Konzept zu dieser Ausstellung haben wir damals zusammen mit der Kunsthistorikerin Frau Dr. Gabriele Dischinger entwickelt, die Gestaltung lag in den Händen von uns Architekten.

Die hier analog zur Ausstellung zusammengestellte chronologische Werkübersicht soll Fischers Lebenswerk in seinem erstaunlichen Umfang und in seiner überragenden Qualität schlaglichtartig beleuchten; die beigefügten Pläne, alle bis auf wenige bezeichnete Ausnahmen, im einheitlichen Maßstab 1:400 abgebildet, ermöglichen dem Betrachter sowohl einen anschaulichen Größenvergleich als auch eine typologische Übersicht.

Unser herzlicher Dank gilt dem Pustet-Verlag Salzburg, namentlich Mona Müry-Leitner, deren tatkräftige Unterstützung uns die Herausgabe dieses Buches ermöglicht hat.

München, im Juni 2002
Franz Peter
Franz Wimmer

„…ein Kunsterfahrn Arbeitsam Redlich und Aufrichtiger Mann"

Diese auf dem Grabstein Johann Michael Fischers eingemeißelten Worte sind die einzige überlieferte Charakterisierung persönlicher Wesenszüge des großen Baumeisters. Kein Porträt, keine Schreiben privaten Inhalts, keine Anekdote läßt seine Person vor unseren Augen Gestalt gewinnen. Was wir über Fischers Leben wissen, verdanken wir ausschließlich Dokumenten, die durch archivalische Forschung erschlossen wurden.

Fischers Tauftag (vermutlich auch sein Geburtstag) war der 18. Februar 1692. Er wurde als zweites von zehn Kindern des Maurermeisters Johann Michael Fischer und seiner Frau Elisabeth, geb. Grassenhiller in Burglengenfeld geboren. Bei seinem Vater lernte der junge Johann Michael in den folgenden Jahren das Maurerhandwerk von der Pike auf.
1713 brach er, 21jährig, zur Gesellen-Wanderschaft nach Böhmen, Mähren und wahrscheinlich auch Österreich auf. Genau wissen wir nur, daß Fischer 1715 in Brünn als Palier tätig war, vermutlich bei dem aus Altdorf bei Landshut stammenden Baumeister Mauritz Grimm. Von nachhaltigerem Einfluß als diese Anstellung waren aber die bahnbrechenden Kirchenbauten von Lukas von Hildebrandt, Christoph Dientzenhofer und Johann Blasius Santini Aichel, die Fischer auf seiner Wanderschaft kennenlernen konnte.
1718 wandte sich Johann Michael Fischer nach München und fand hier zunächst eine Anstellung als Palier beim Stadtmaurermeister Johann Mayr. Nach langwierigen Auseinandersetzungen mit der Maurer-Zunft erhielt er 1723 das Meisterrecht.

1725 heiratete er die Tochter von Johann Mayr. Er wurde dadurch zugleich zum Schwager von deren Halbbrüdern Johann Baptist und Ignaz Anton Gunetzrhainer. Vor allem den guten Verbindungen von Johann Baptist Gunetzrhainer, damals bereits Hof-Unterbaumeister, verdankte Fischer den erfolgreichen Beginn seiner selbständigen Berufstätigkeit.
Der Ehe mit Maria Regina Mayr entsprangen 18 Kinder, von denen allerdings nur sechs die ersten Jahre überlebten. 1736 erwarb Fischer ein Haus an der Südseite der Münchner Frauenkirche, das er 30 Jahre lang, bis zu seinem Tod, mit seiner Familie bewohnte. In diesem Haus war auch sein Zeichenbüro untergebracht.

„Dreyer Durchlauchtigsten Fürsten Bewährter Bau-Maister…"
Diese Stelle aus Fischers Grabinschrift nimmt Bezug auf Ehrentitel, die dem erfolgreichen Architekten und Bauunternehmer verliehen wurden. 1743 bekam Fischer als Anerkennung für seinen Bau der
St. Michaels-Kirche in Berg am Laim den Titel eines „Kurkölnischen Hofbaumeisters" verliehen, dem später noch zwei weitere Hoftitel Wittelsbacher Fürsten folgen sollten.
Im Münchner Maurerhandwerk war Fischer zwischen 1731 und 1764 mehrmals „Vierer", das heißt, einer der gewählten Zunftvorsteher. In seinem Baugeschäft hat er auch zahlreiche Lehrlinge ausgebildet.
Über Fischers private Beziehungen zu anderen Künstlern wissen wir wenig. 1729 hat Fischer den Vertrag Ägid Quirin Asams über den Kauf eines Hauses an der Münchner Sendlinger Straße mit seiner Unterschrift bezeugt. Langjährige Zusammenarbeit, die vielleicht mit persönlicher Freundschaft verbunden war, pflegte Fischer mit dem Maler und Stuckator Johann Baptist Zimmermann, den Stuckatoren Johann Michael Feichtmayr und Jakob Rauch, sowie vor allem mit dem Bildhauer Johann Baptist Straub.
Am 6. Mai 1766 verstarb Johann Michael Fischer, 74 Jahre alt. Er wurde an der Südwand der Münchner Frauenkirche, wenige Schritte von seinem Wohnhaus entfernt, beigesetzt.

Grabstein von Johann Michael Fischer an der Südwand der Münchner Frauenkirche

1720 bis 1734
Anfang in München und erste selbständige Aufträge

Nach seinen Lehrjahren in Böhmen und Mähren ließ sich der 26jährige Johann Michael Fischer 1718 in München nieder und arbeitete als Palier beim Stadtmaurermeister Johann Mayr, seinem späteren Schwiegervater.
1723 erwarb Fischer das Meisterrecht. Neben Arbeiten, die er weiterhin für Johann Mayr und Johann Baptist Gunetzrhainer, Mayrs Stiefsohn und somit Fischers Schwager, ausführte, erhielt er ab 1723 erste eigene Aufträge in Niederbayern.

Mit Osterhofen begann 1726 die Reihe kirchlicher Großaufträge. Fischer entwickelte sich in kurzer Zeit zum führenden Kirchenbau-Spezialisten in Bayern. Architektonisch bedeutendste Werke der ersten Schaffensperiode sind die Wandpfeilersäle in Osterhofen und Diessen sowie die ersten Zentralraumkirchen St. Anna im Lehel und Unering.

1720	Schlehdorf, Stiftsgebäude, Neubau Bauausführung als Palier von Johann Mayr
1721	Lichtenberg, Jagdschloß, Umbau Bauausführung als Palier von Johann Mayr
1723 – 1726	Schärding, Pfarrkirche, Neubau Bauausführung nach Planung von Johann Baptist Gunetzrhainer
1723 – 1727	Deggendorf, Kirchturm, Neubau Bauausführung nach Planung von Johann Baptist Gunetzrhainer
1723 – 1726	Niederalteich, Mönchschor und Sakristei, Neubau (1743 Ausbau der Kirchtürme)
1725	Kirchham, Pfarrkirche, Neubau des Langhauses
1726 – 1729	Osterhofen, Klosterkirche, Neubau
1726	Aschau, Erhöhung des Kirchturms, Planung
1727 – 1728	Rinchnach, Probsteikirche, Neubau unter Einbeziehung älterer Bauteile
1727 – 1734	München, St. Anna im Lehel, Klosterkirche, Neubau (1753 Idealentwurf für die Fassade)
1728 – 1731	Seefeld, Wirtschaftshof des Schlosses, Neubau
1730	Freising-Weihenstephan, Klosterkirche, Umbau-Planung
1730	München-Giesing, Mesnerhaus, Neubau-Planung
1731 – 1732	Unering, Filialkirche, Neubau
1731 – 1734	Bergkirchen, Pfarrkirche, Neubau
1731 – 1733	Niederviehbach, Kloster, teilw. Neubau
1731 – 1741	Diessen, Klosterkirche, Neubau
1732	München, Haus Stögmiller, Neubau
1733	Ganacker, Pfarrkirche, Umbau-Planung
1733 – 1734	Aicha vorm Wald, Pfarrkirche, teilw. Neubau

1723 – 1727 Deggendorf
Turm der Hl. Grabkirche

**Bauausführung nach Planung
von Johann Baptist Gunetzrhainer**

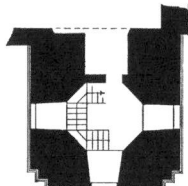

Deggendorf, Grundriss des Turmes, M 1:400

Deggendorf, Turm von Nordwesten

Deggendorf, Turm und Chor von Osten

1723 – 1726 Niederalteich
Benediktiner-Klosterkirche St. Mauritius

Fertigstellung (Mönchschor und Sakristei)
der von Jakob Pawagner barockisierten Klosterkirche

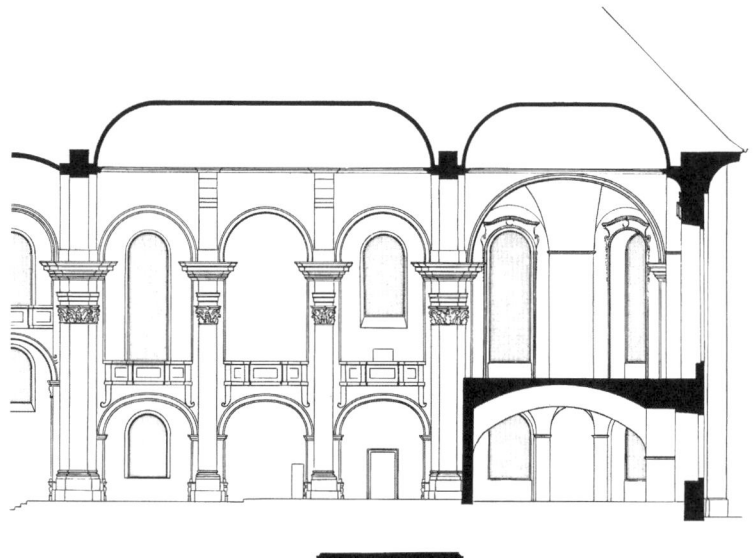

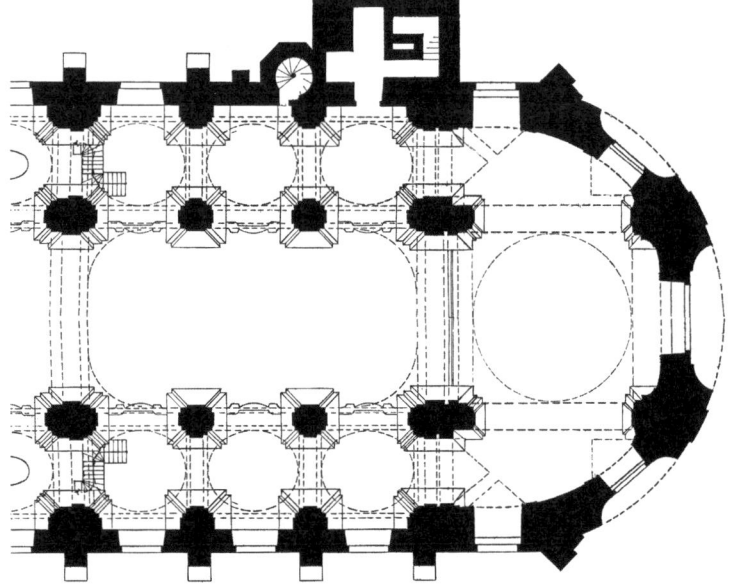

Niederalteich, Schnitt, Grundriss Emporengeschoss, M 1:400

Niederalteich, nördliche Empore

Niederalteich, Mönchschor

1725 – 1729 Kirchham, Pfarrkirche St. Martin

Neubau unter Einbeziehung des alten Altarraums und des alten Turms
1914 – 1915 Kirche durch Brand weitgehend zerstört und verlängert wieder aufgebaut

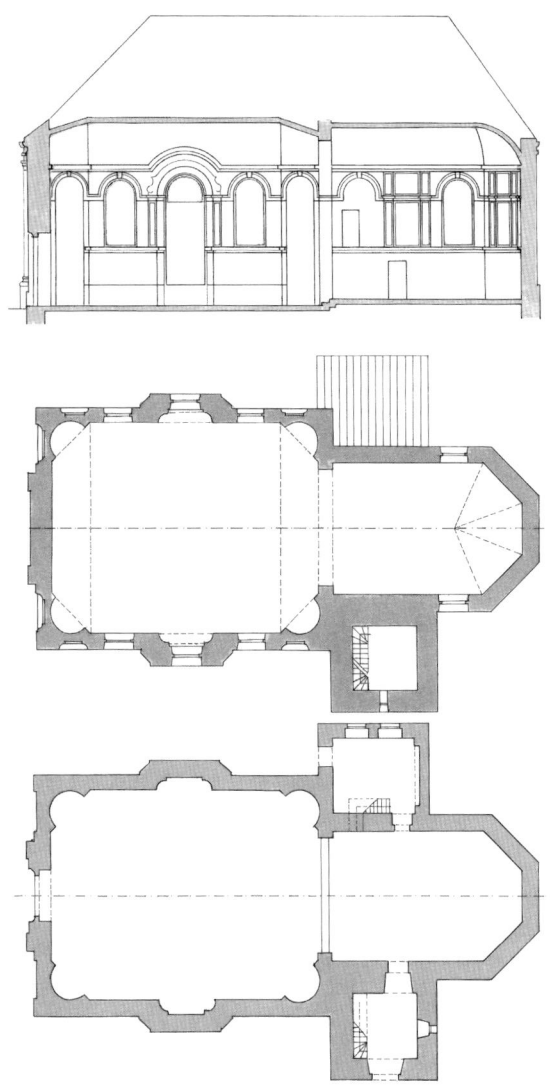

Kirchham, Rekonstruktion des Originalzustandes: Schnitt, Grundrisse, M 1:400

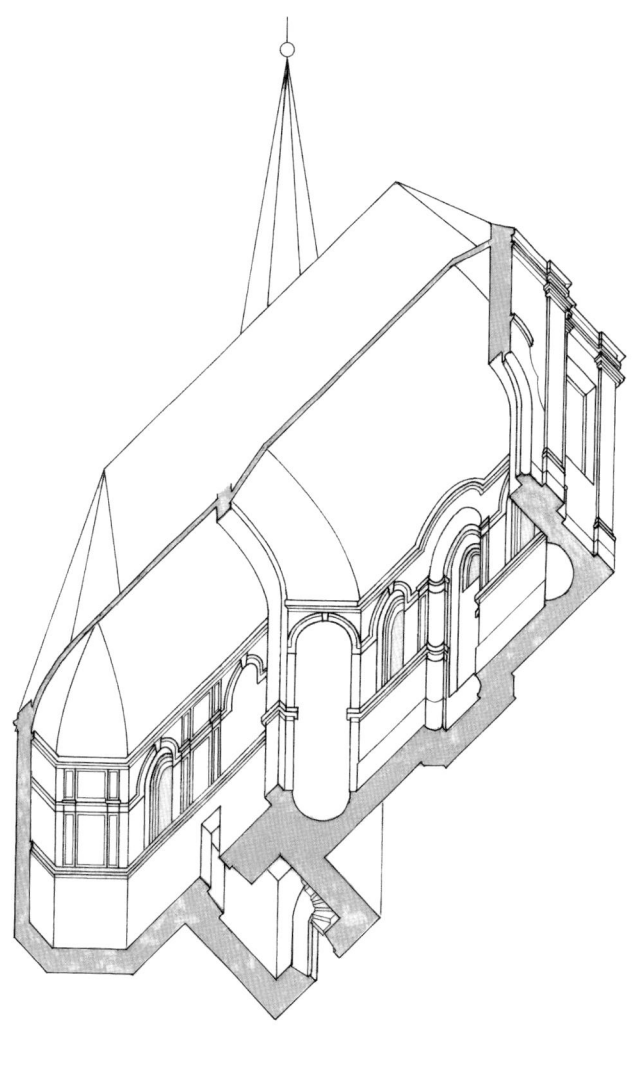

Kirchham, Rekonstruktion des Originalzustandes: Axonometrie

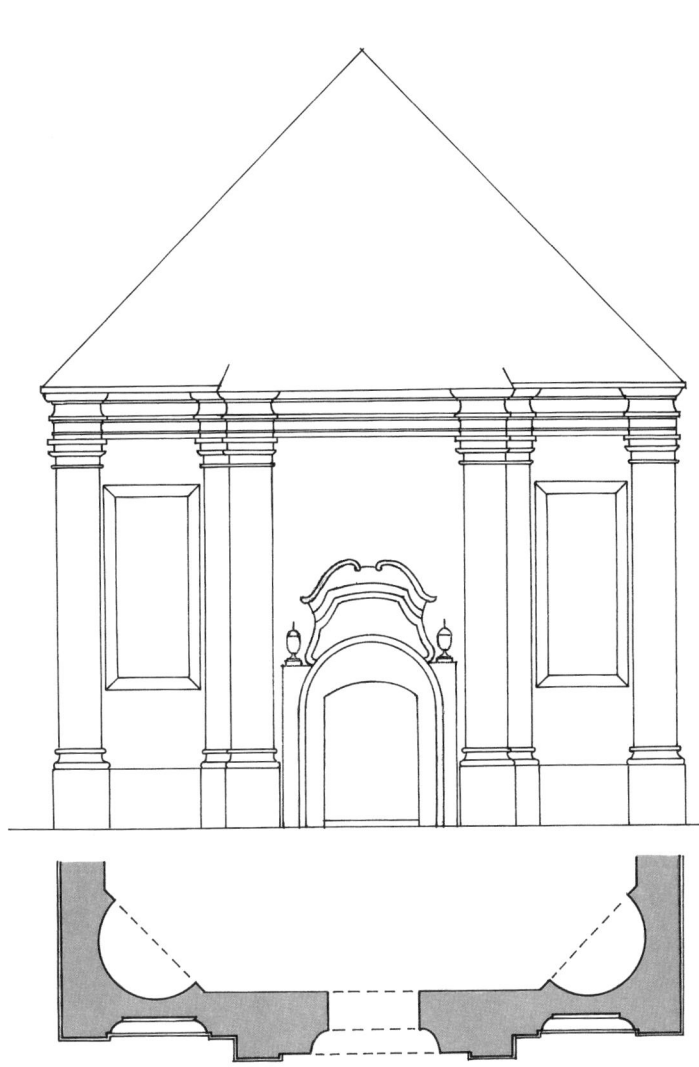

Kirchham, Rekonstruktion der originalen Eingangsfassade

Kirchham, Abbruch von Fischers Eingangsfassade

Kirchham, Innenraum

Kirchham, Innenraum

1727 – 1728 Rinchnach
Probsteikirche

Neubau unter Einbeziehung älterer Bauteile

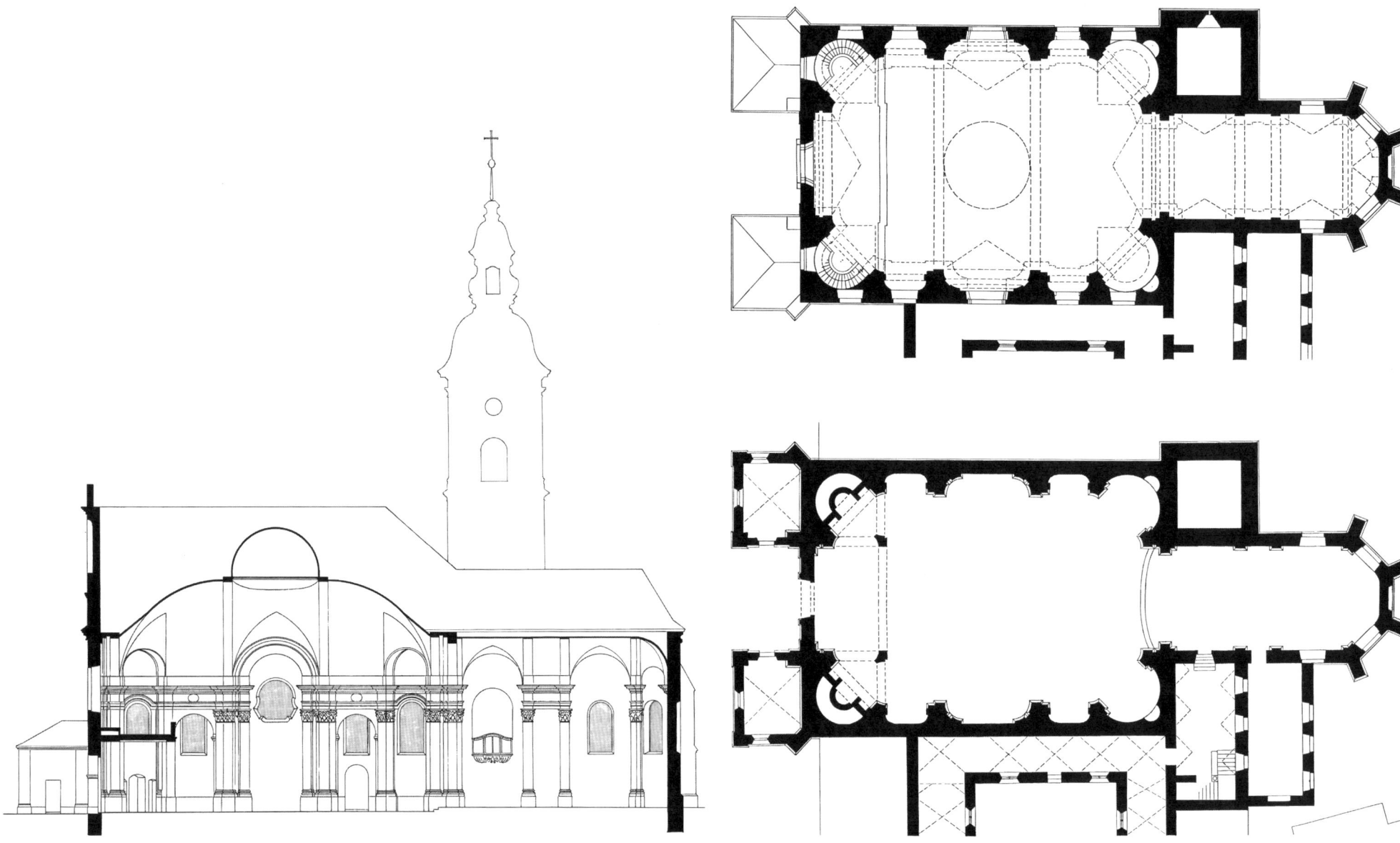

Rinchnach, Schnitt, Grundrisse, M 1:400

Rinchnach, Eingangsfassade mit Seitenkapellen

Rinchnach, Diagonalpartie im Innenraum

Rinchnach, Innenraum

Rinchnach, Innenraum

1726 – 1729 Osterhofen
Prämonstratenser-Klosterkirche St. Margareta
Neubau

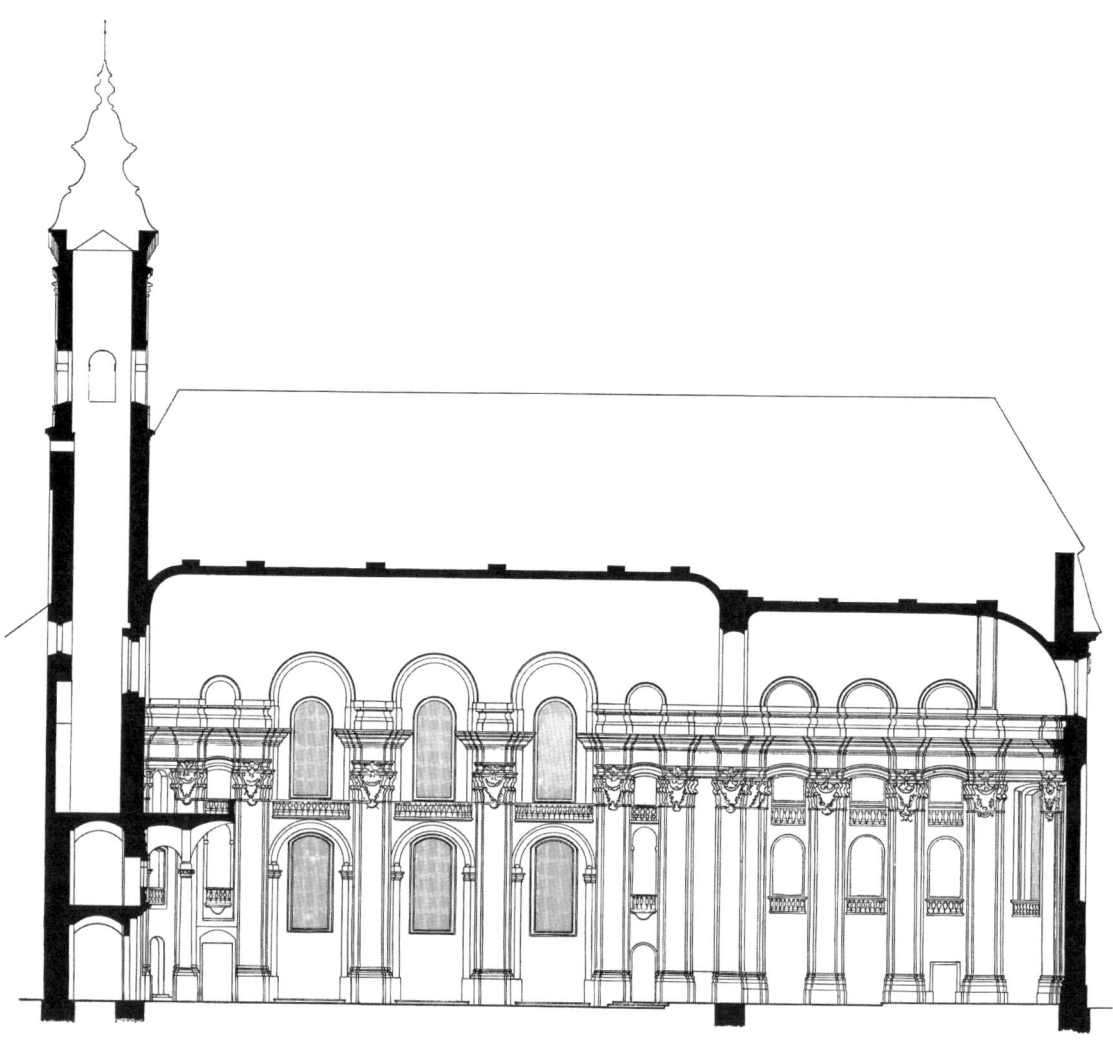

Osterhofen, Schnitt M 1:400

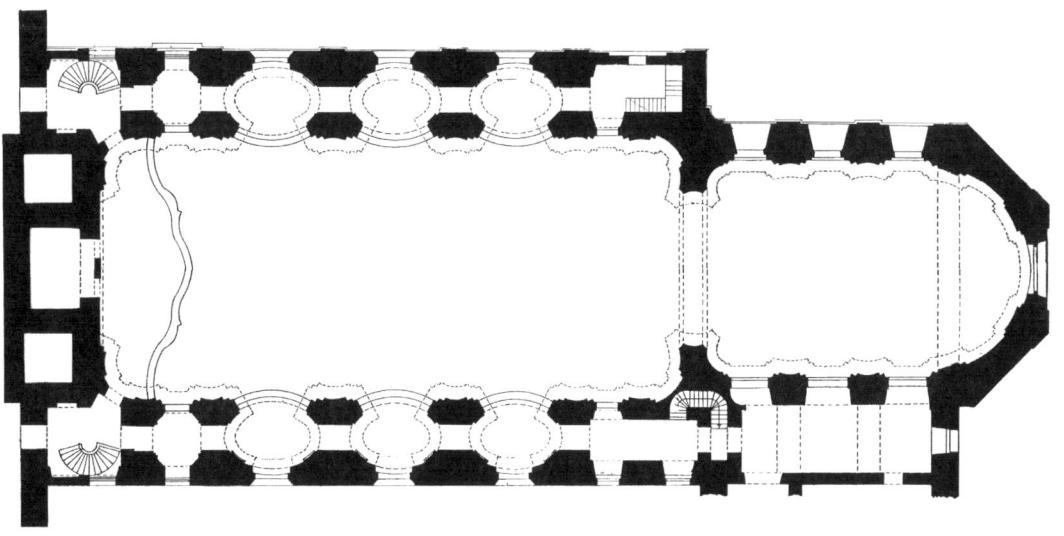
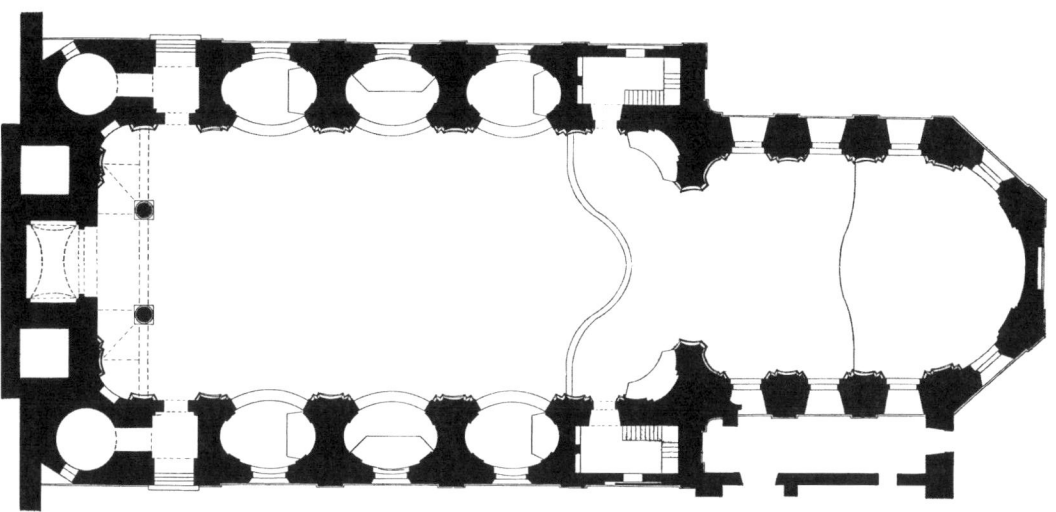

Osterhofen, Grundrisse M 1:400

Osterhofen, Kirchenfassade zum Klosterhof

Osterhofen, Klostertrakt und Chor

Osterhofen, Innenraum

Osterhofen, Blick in das Gewölbe einer Seitenkapelle

Osterhofen, Emporengang

Osterhofen, Wandpfeiler mit Kapellen und Emporen

1727 – 1729 München-Lehel
Hieronymitaner-Klosterkirche St. Anna

Neubau
1944 schwere Beschädigung durch Bomben
1950 – 1971 Wiederaufbau

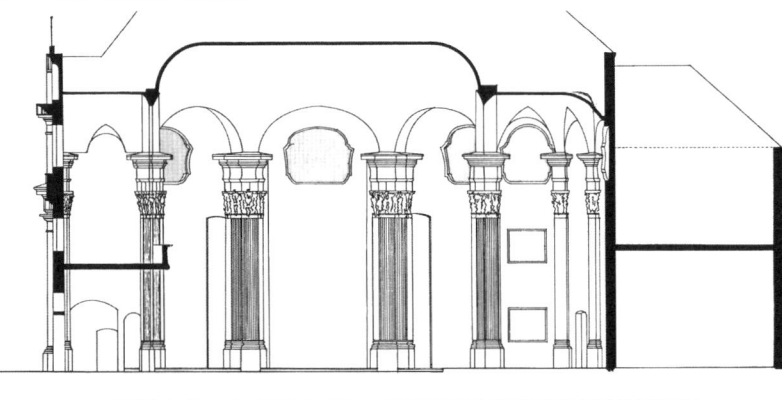
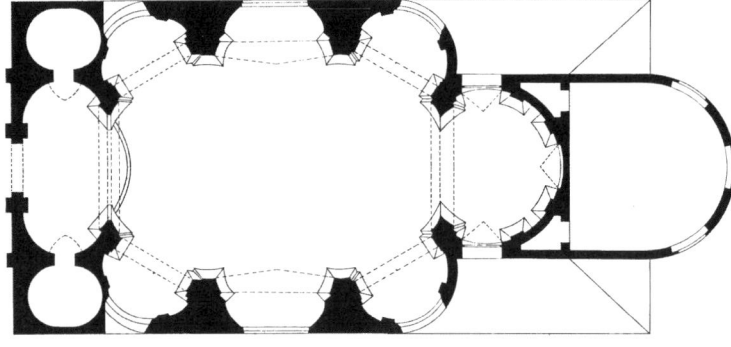
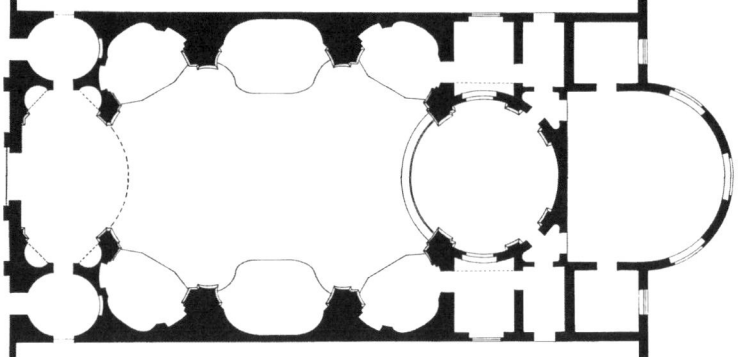

München, St. Anna, Schnitt, Grundrisse, M 1:400

München-St. Anna, Rekonstruktionsmodell der Eingangsfassade nach Fischers Originalzeichnung

München-St. Anna, Eingangsfassade nach dem Wiederaufbau

München-St. Anna, Fassadendetail

München-St. Anna, Innenraum

München-St. Anna, Diagonalpartie im Innenraum

München-St. Anna, Pfeilerdetail

1728 – 1731 Seefeld
Wirtschaftshof des Schlosses, Torbau,
Neubau

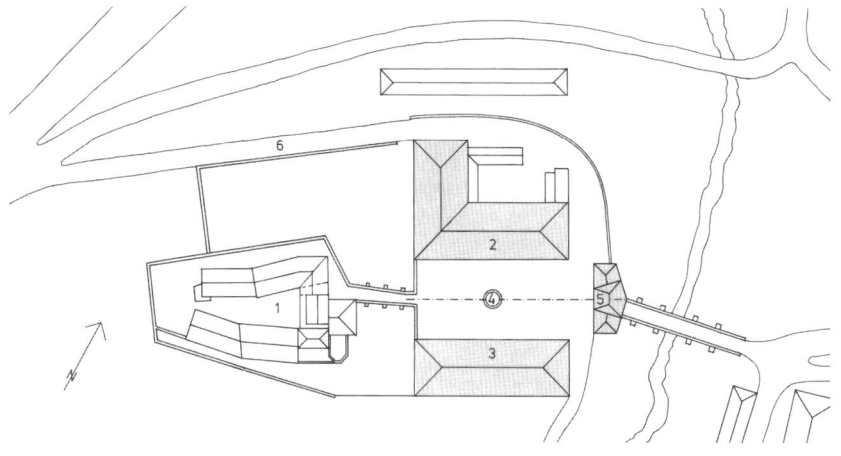

1 Hochschloss
2, 3 Wirtschaftsgebäude
4 Brunnen
5 Torbau
6 Wirtschaftsweg

Seefeld, Lageplan

Seefeld, Torbau von der Brücke

Seefeld, Torbau vom Innenhof

1731 – 1732 Unering
Filialkirche St. Martin, Neubau

1836 Anbau eines neugotischen Turms, Entfernung des Dachreiters über dem Altarraum

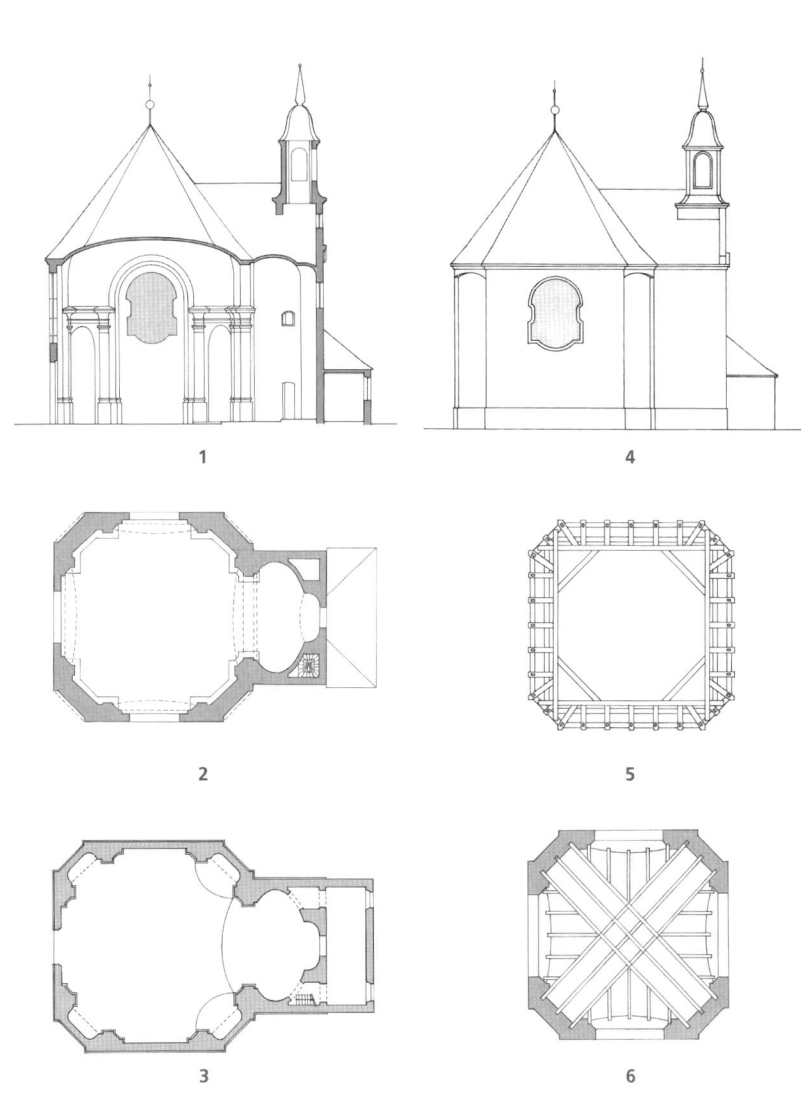

Unering, Rekonstruktion des Originalzustandes: 1 Schnitt, 2, 3 Grundrisse, 4 Ansicht von Süden, 5 Stichgebälk, 6 Tragkonstruktion des Holzgewölbes, sämtliche M 1:400

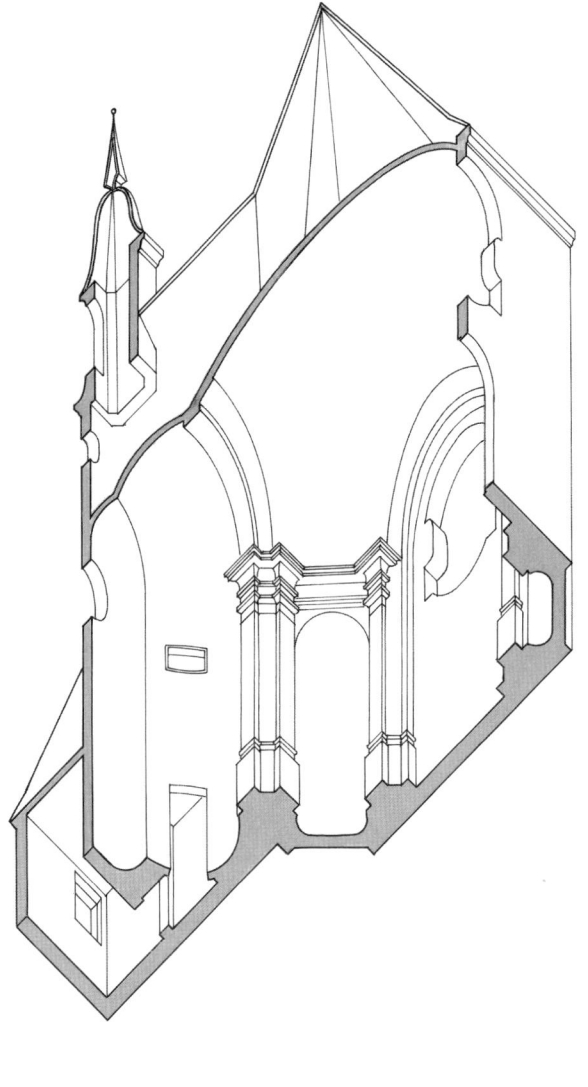

Unering, Rekonstruktion des Originalzustandes: Axonometrie

Unering, Pilaster, M 1:40

Unering, Ansicht von Süden mit später hinzugefügtem Westturm

Unering, Innenraum

Unering, Innenraum

1731 – 1734 Bergkirchen
Pfarrkirche St. Johannes Baptist
Neubau unter Einbeziehung des alten Turms

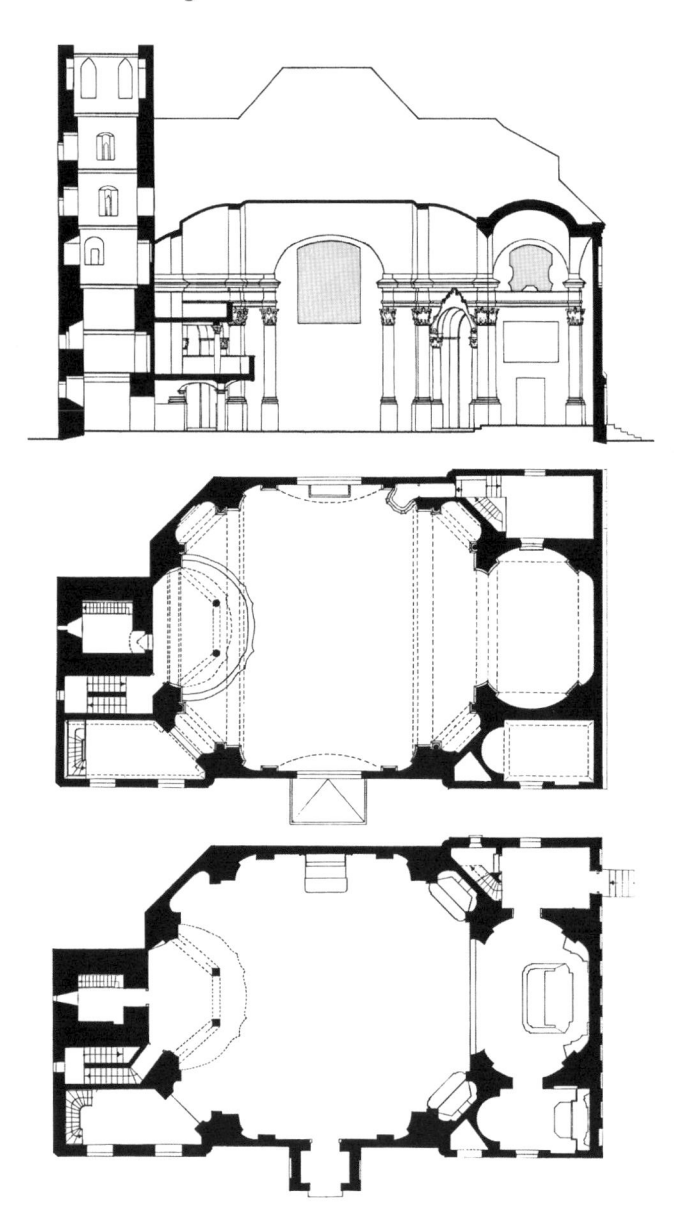

Bergkirchen, Schnitt, Grundrisse, M 1:400

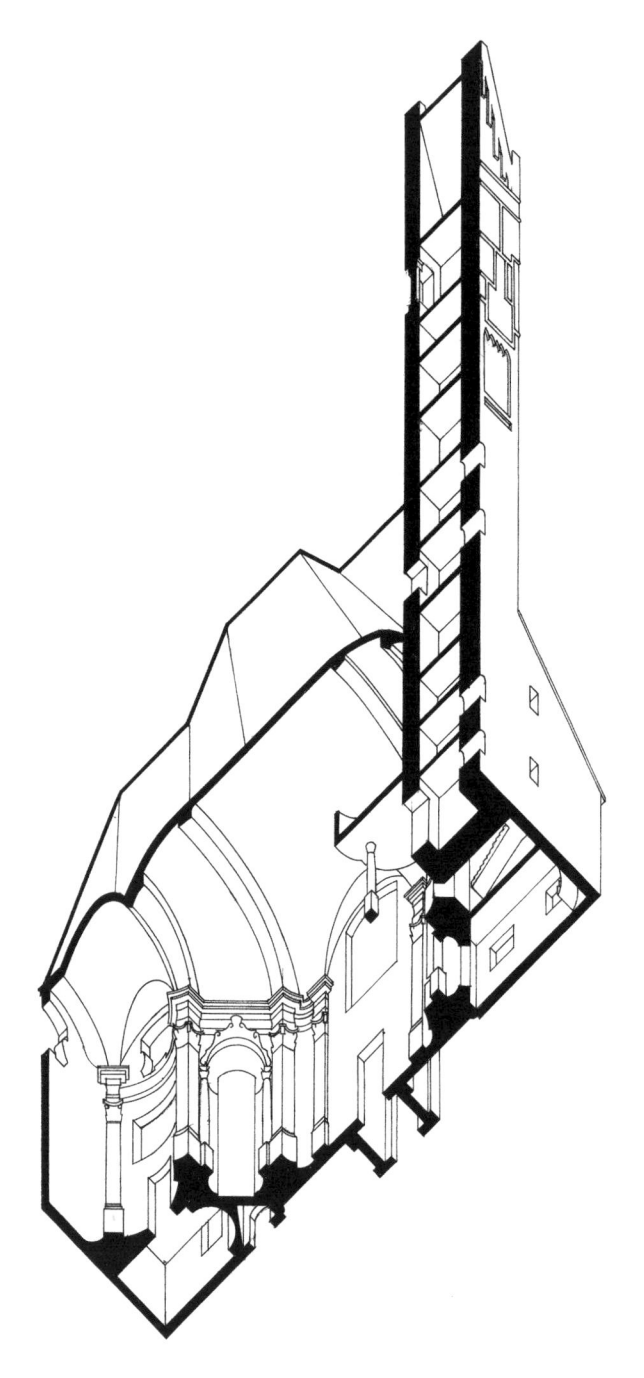

Bergkirchen, Axonometrie

Bergkirchen, Ansicht von Süden

Bergkirchen, Innenraum

38

Bergkirchen, Innenraum

1731 – 1733 Niederviehbach
Klosterbau der Benediktinerinnen
Teilweiser Neubau

Niederviehbach, Klostertrakt mit Mittelrisalit

Niederviehbach, Klostergang mit Treppenhaus

41

1733 – 1734 Aicha vorm Wald
Pfarrkirche St. Petrus und Paulus

Fertigstellung des wahrscheinlich von Jakob Pawagner begonnenen Neubaus unter Abänderung der Querarme, des Gewölbes und der Lichtführung

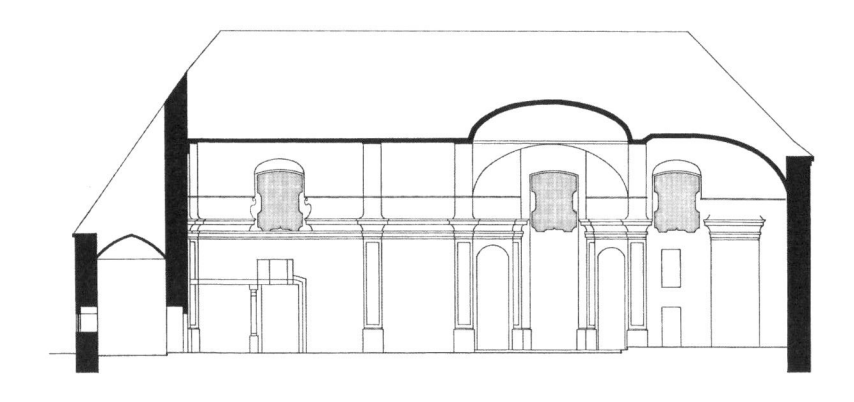

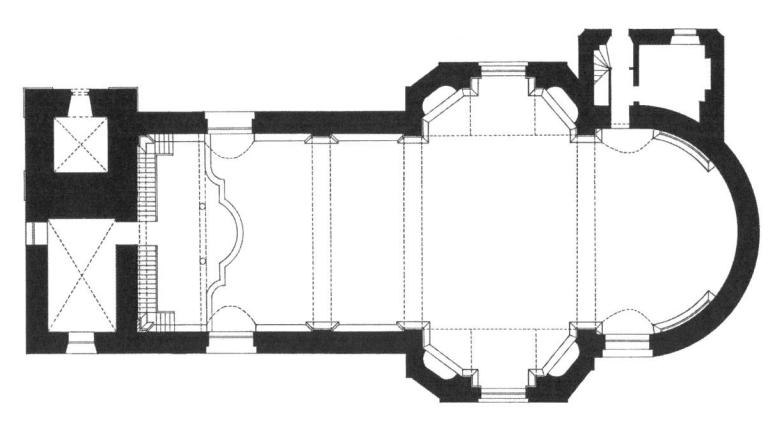

Aicha vorm Wald, Schnitt, Grundriss Emporengeschoss, M 1:400

Aicha vorm Wald, Ansicht von Süden

Aicha vorm Wald, Innenraum

1731 – 1741 Diessen
Augustiner Chorherrn-Stiftskirche Mariä Himmelfahrt

**Neubau unter Berücksichtigung eines Vorgängerprojekts
von anderer Hand**
1827 Brand des Kirchturms
1846 – 1848 Errichtung eines neuromanischen Kirchturms
1986 – 1988 freie Rekonstruktion des Fischer-Turms

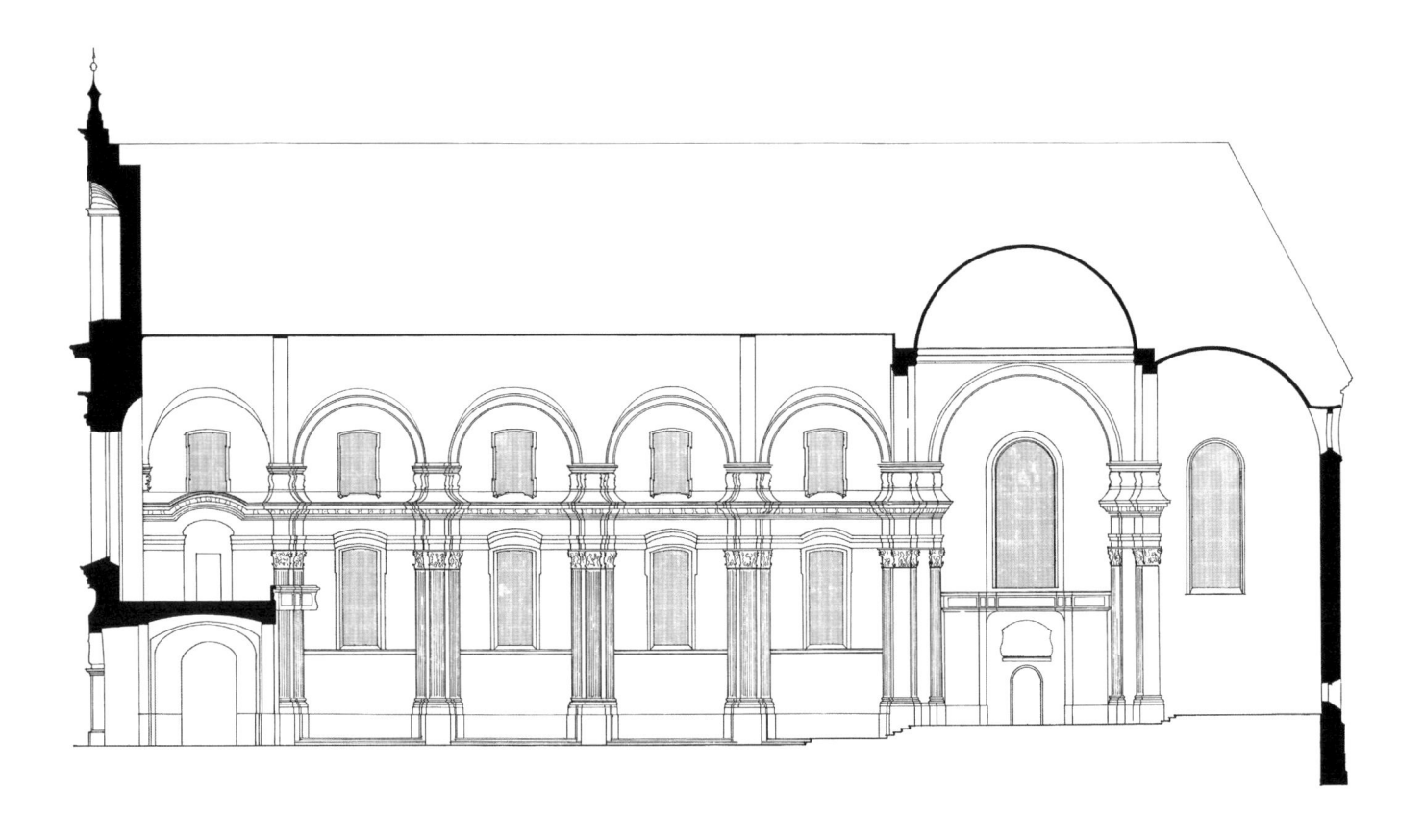

Diessen, Schnitt, M 1:400

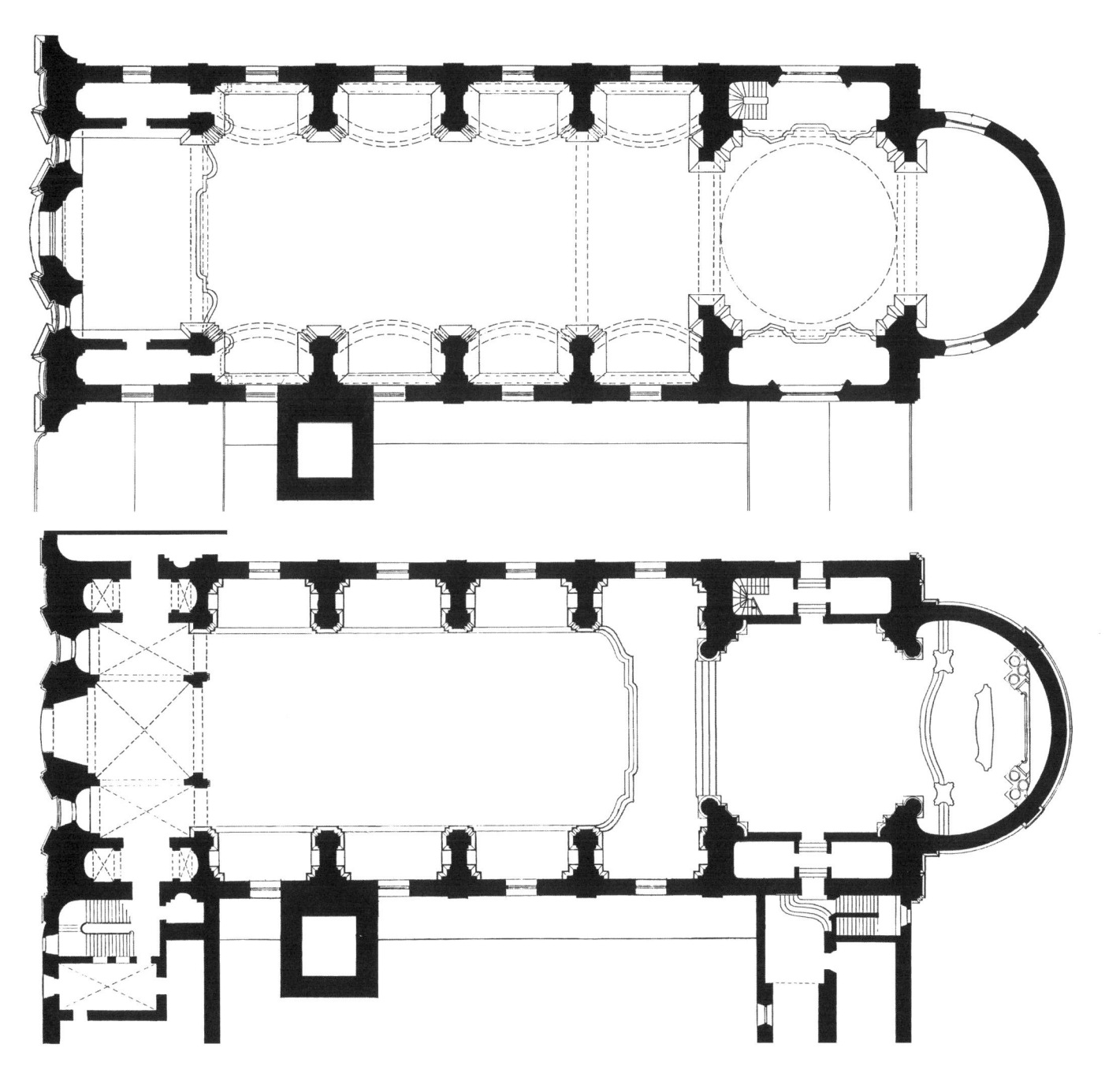

Diessen, Grundrisse, M 1:400

Diessen, Chorpartie

Diessen, Eingangsfassade

Diessen, Übergang zwischen Chor- und Altarraum

Diessen, Wandpfeiler und Emporen

Diessen, Innenraum

Diessen, Treppen im südlichen Klostertrakt

Diessen, Gruft unter der Kirche

1735 bis 1739
Drei Meisterwerke europäischer Sakralbaukunst

Während dieser kurzen Zeitspanne plante und baute Fischer drei Kirchen, die allein genügt hätten, ihn in die vorderste Reihe europäischer Kirchenbau-Architekten zu stellen:
Die Oratorianerkirche Aufhausen, die Augustiner-Klosterkirche Ingolstadt und die Erzbruderschaftskirche St. Michael in München-Berg am Laim.

Allen drei Planungen liegt als Ausgangsidee ein achteckiger Zentralraum zugrunde. In Berg am Laim erweiterte Fischer dieses Oktogon nur an den Orthogonalseiten um weitere Räume, in Aufhausen und Ingolstadt öffnete er auch die Diagonalwände und fügte dem Zentralraum hier ebenfalls weitere Kapellen und Oratorien an. Auf diese Weise entsteht Fischers „Arkaden-Oktogon".
Zwar war dieser Raumtyp nicht eine neue Erfindung, doch kein anderer Architekt entwickelte ihn so systematisch und phantasievoll weiter wie Fischer. Dieses „Thema mit Variationen" ist Fischers wichtigster Beitrag zur Architekturgeschichte.

1735 – 1739	**Aufhausen, Oratorianerkirche,** Neubau	
1736 – 1740	**Ingolstadt, Klosterkirche,** Neubau	
1739	München-Sendling, Pfarrkirche, Dachreparatur	
1739	Seefeld, Torpavillion des Schlosses, Neubau	
1739 – 1742	**München-Berg am Laim, Erzbruderschaftskirche,** Neubau	

1735 – 1739 Aufhausen
Oratorianer-Kirche Maria Schnee
Neubau

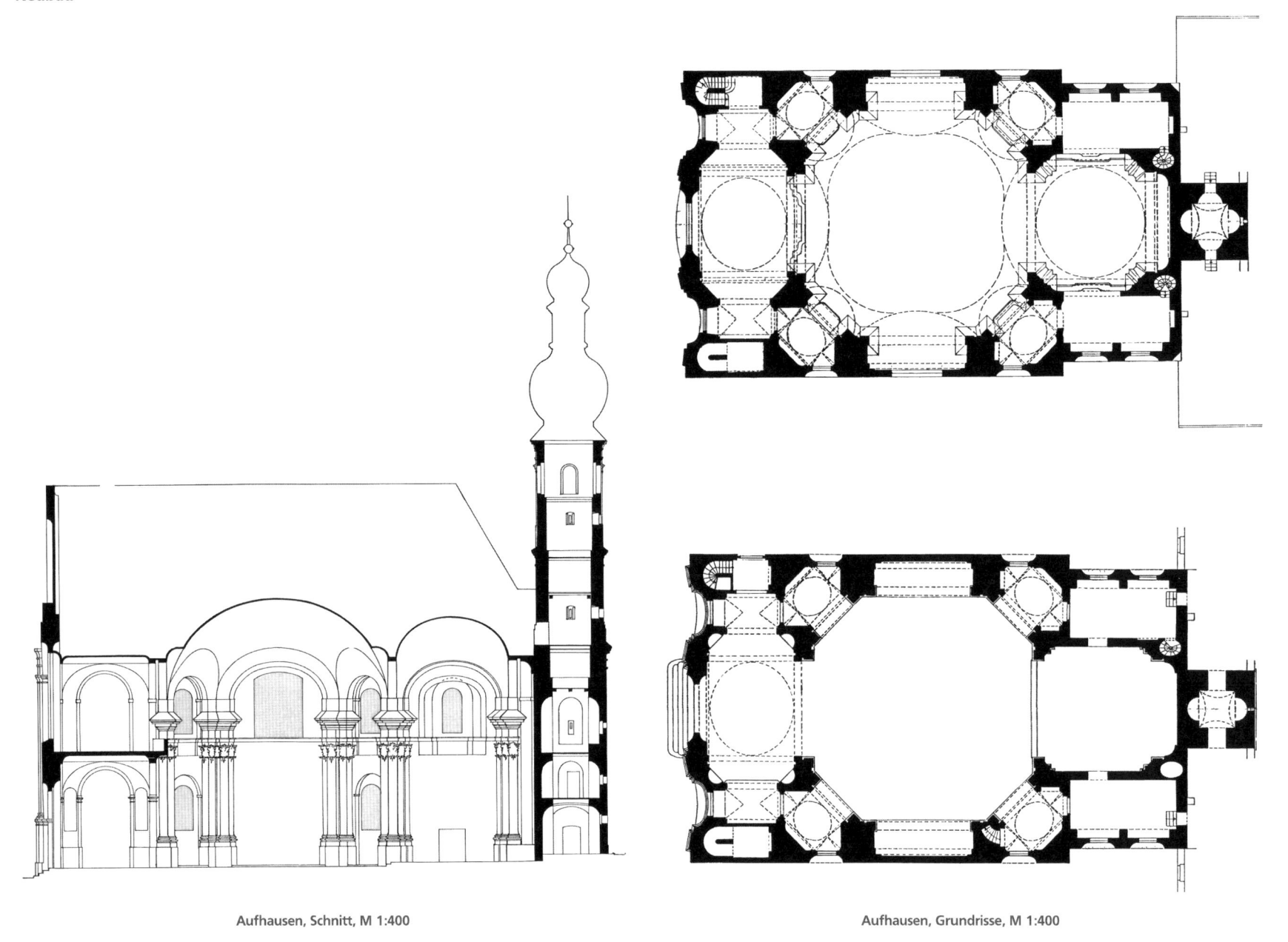

Aufhausen, Schnitt, M 1:400

Aufhausen, Grundrisse, M 1:400

Aufhausen, Pfeiler, M 1:75

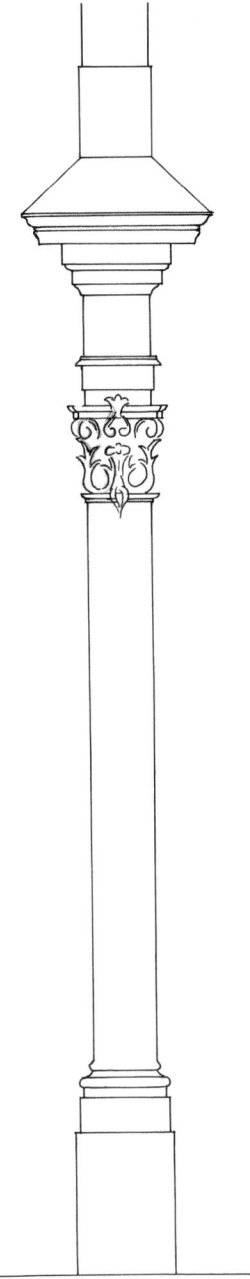

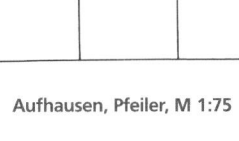

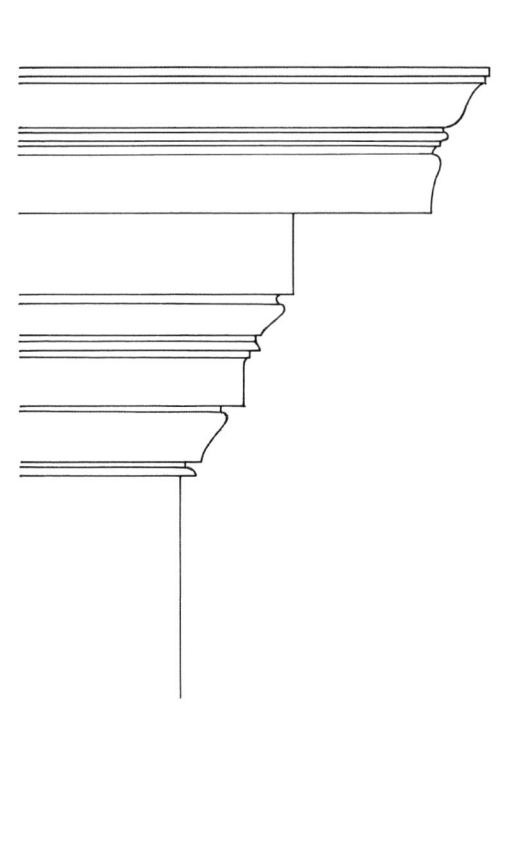

Aufhausen, Gebälkprofil, M 1:25

Aufhausen, Eingangsfassade,
links Rekonstruktion der Fischer-Planung, rechts Bestand, M 1:200

Aufhausen, Rekonstruktionsmodell der nicht fertig ausgeführten Eingangsfassade

Aufhausen, Raummodell

Aufhausen, Raummodell

Aufhausen, Eingangsfassade

Aufhausen, Eingangsfassade

Aufhausen, Innenraum

Aufhausen, Diagonalpartie im Innenraum

Aufhausen, Blick von einem Oratorium in den Zentralraum

Aufhausen, Innenraum

1736 – 1740 Ingolstadt
Augustiner Eremiten-Klosterkirche „Zu Unserer Lieben Frau"

Neubau
1944 bei zwei Bombenangriffen zerstört
1950 abgerissen

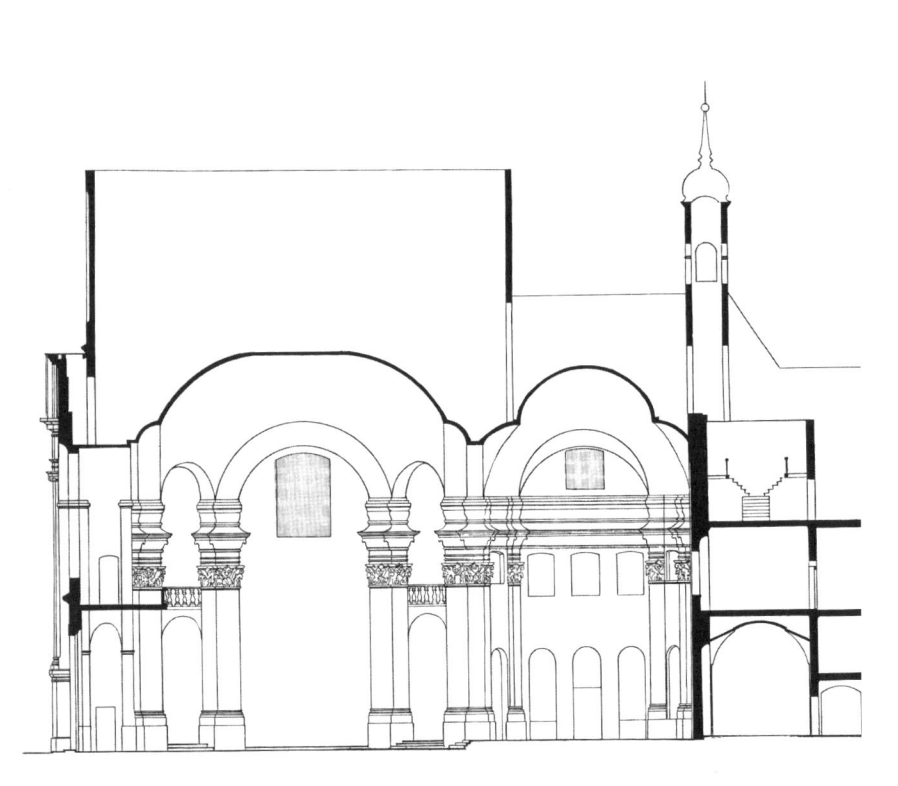

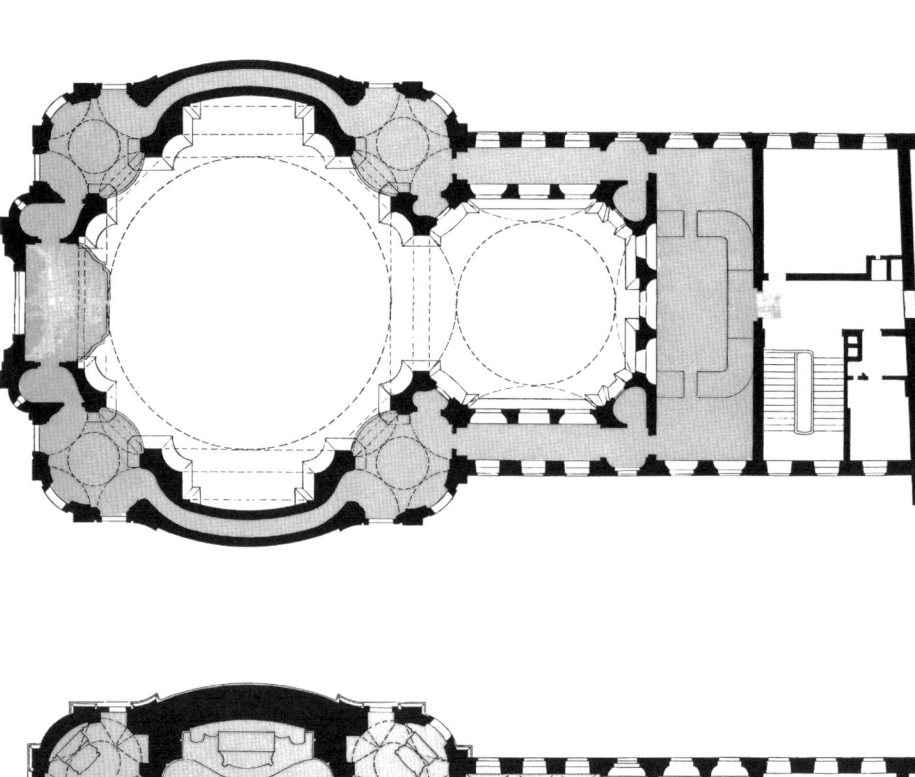

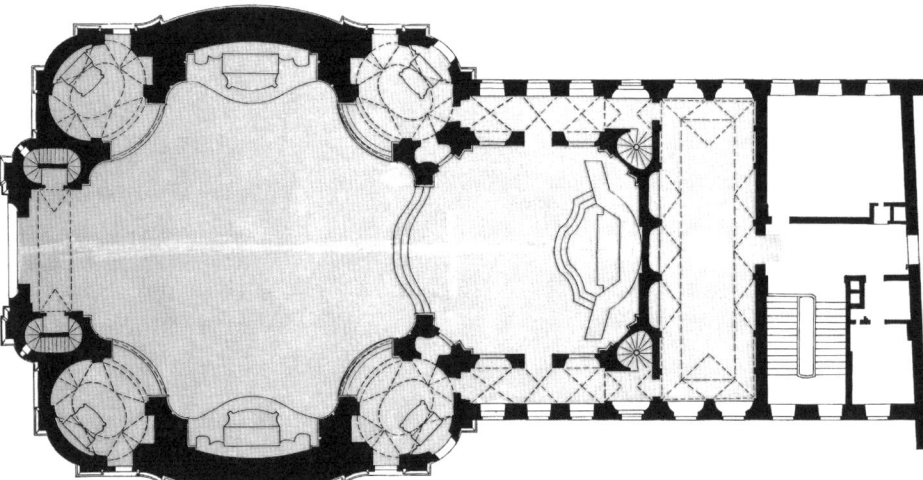

Ingolstadt, Schnitt, M 1:400

Ingolstadt, Grundrisse, M 1:400

Ingolstadt, Raummodell

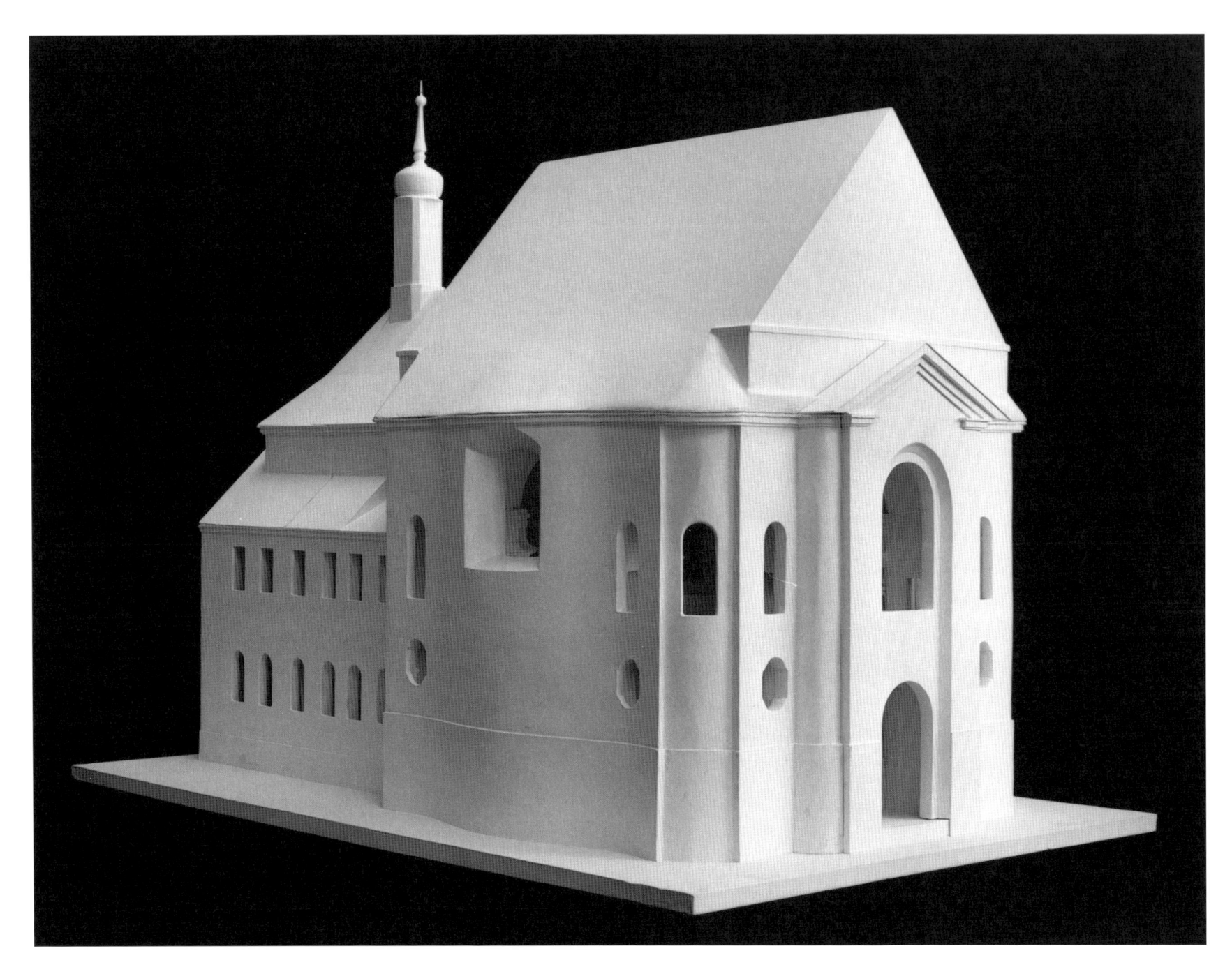

Ingolstadt, Baukörpermodell

Ingolstadt, Eingangsfassade

Ingolstadt, zerstörter Altarraum

Ingolstadt, Diagonalempore

Ingolstadt, Öffnungen des Emporengangs

Ingolstadt, Innenraum

1739 – 1742 München-Berg am Laim
Erzbruderschaftskirche St. Michael
Neubau

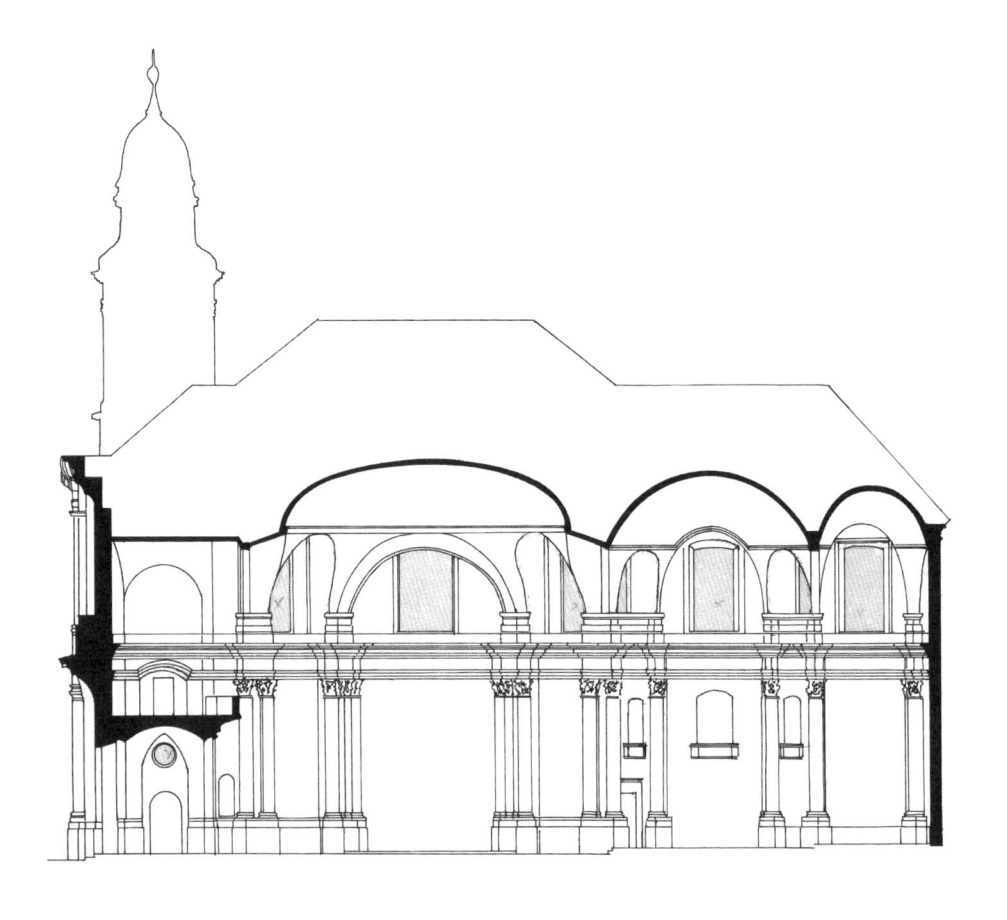

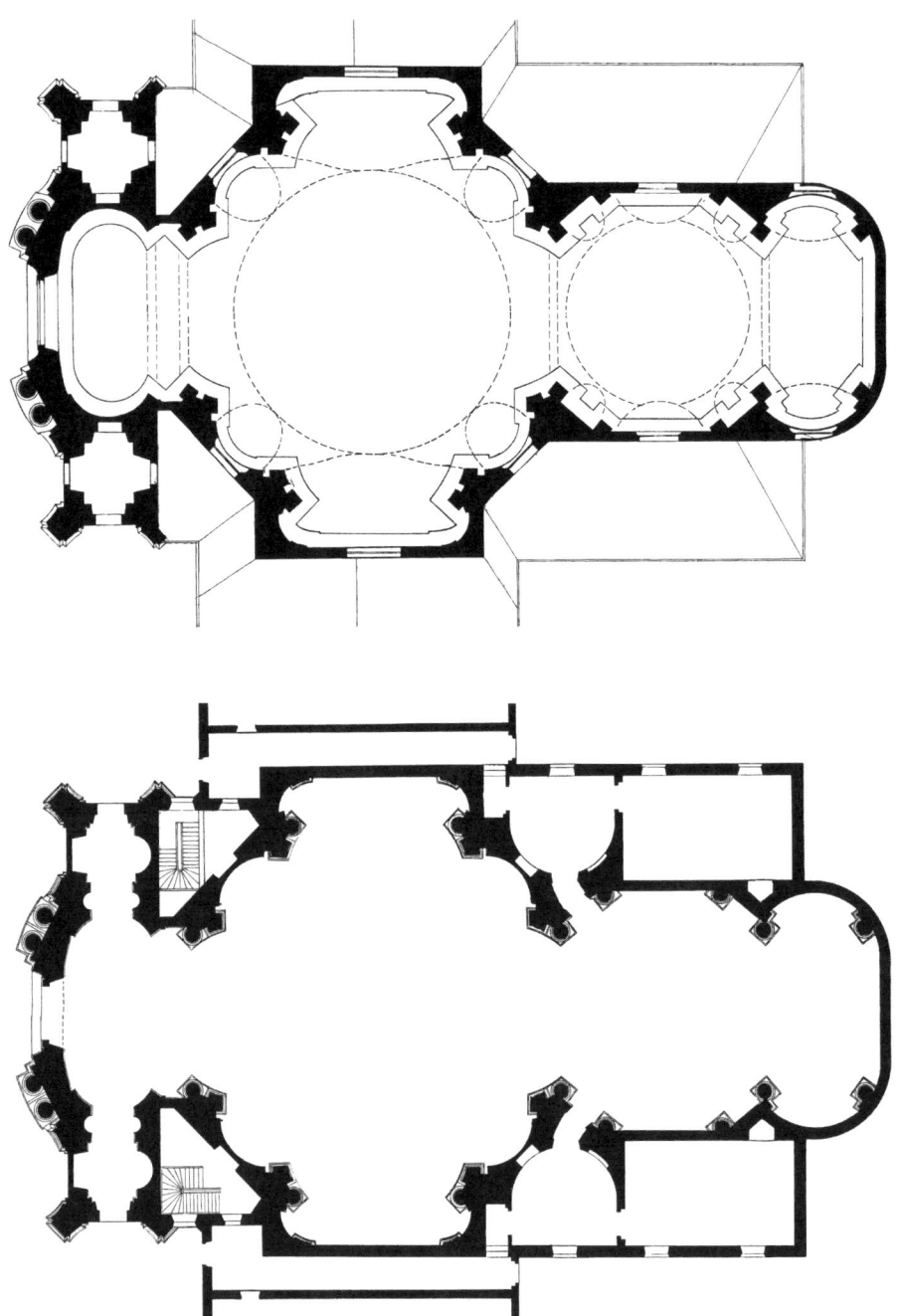

München-Berg am Laim, Schnitt, M 1:400

München-Berg am Laim, Grundrisse M 1:400

München-Berg am Laim, Doppelturmfassade

München-Berg am Laim, Kuppel über dem Zentralraum

München-Berg am Laim, Innenraum

München-Berg am Laim, Zentralraum in der Querachse

München-Berg am Laim, Gewölbepartie zum Altarraum hin

München-Berg am Laim, Lichtführung im Zentralraum

München-Berg am Laim, Diagonalpartie im Zentralraum

1740 bis 1748
Großaufträge als Architekt und Bauunternehmer

Dieser Zeitraum wurde für Johann Michael Fischer zur erfolgreichsten Periode seines Schaffens. Sein Ruhm als Kirchenbau-Spezialist verbreitete sich über die Grenzen Bayerns hinaus. Aus dem „Pau- und Maurer-Maister in München" wurde in diesen Jahren „der in Süddeutschland erfolgreichste Architekt seiner Generation" (Sir Nikolaus Pevsner).
Vielfach waren es von anderer Hand geplante und bereits begonnene Kirchenbauten, die Fischer übertragen bekam, als sich die Planungen seiner Vorgänger als technisch unzulänglich oder gestalterisch unbefriedigend erwiesen hatten.

Auch seine größten Bauten in Zwiefalten und Ottobeuren mußte Fischer auf Fundamenten seiner Vorgänger errichten. Trotzdem verstand er es, durch Planänderungen die Räume im Sinn seiner klaren Konzeptionen umzuformen. Besonders in Ottobeuren gelang es Fischer, eine veraltete Planung so entscheidend zu verbessern, daß die Klosterkirche als „einer der vornehmsten Kirchenbauten aller Zeiten in Deutschland" (Georg Dehio) gerühmt wird.

1739 – 1744	Fürstenzell, Klosterkirche, teilw. Neubau
um 1740	München, eigenes Wohnhaus, Umbau (Zuschreibung)
1740	Ochsenhausen, Kloster, Umplanung
1740	Reinstetten, Pfarrkirche, Neubau (Zuschreibung)
1741 – 1750	Zwiefalten, Klosterkirche, Neubau
1745 – 1746	Polling, Märzenbierkeller, Neubau
1745 – 1746	Donaurieden, Schloß, Neubau-Planung
um 1746	München, Haus Schönberg, Neubau (Zuschreibung)
1747	Aufkirchen, Kirchturm, Wiederaufbau
1747 – 1749	Unterapfeldorf, Pfarrhof, Neubau
1747 – 1756	Ottobeuren, Klosterkirche, Neubau

1739 – 1744 Fürstenzell
Zisterzienser-Klosterkirche Mariä Himmelfahrt

**Neubau auf Fundamenten und mit aufgehendem
Mauerwerk des Vorgängerprojekts von Joseph M. Götz**

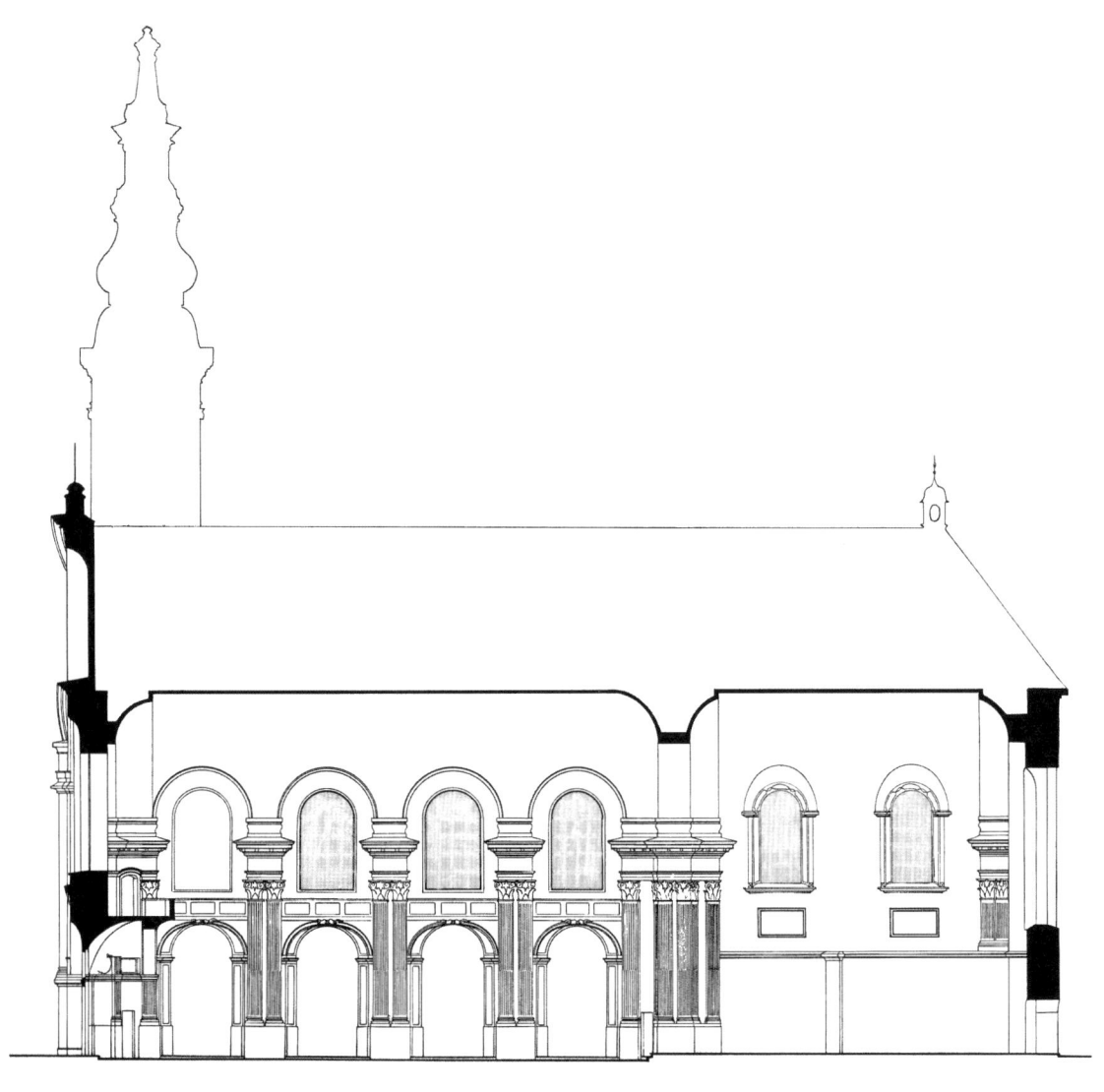

Fürstenzell, Schnitt, M 1:400

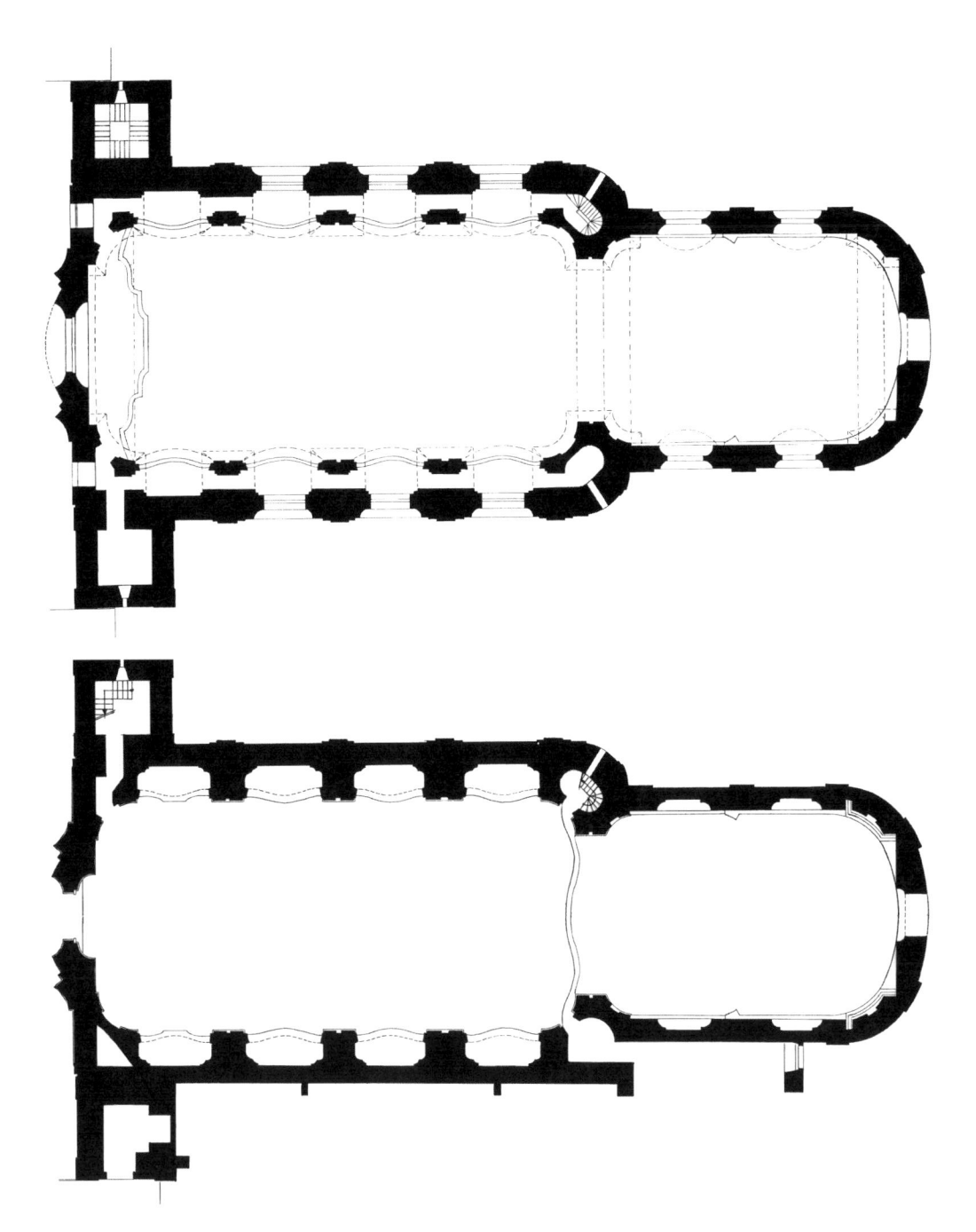

Fürstenzell, Grundrisse, M 1:400

Fürstenzell, Doppelturmfassade

Fürstenzell, Innenraum

Fürstenzell, Wandpfeilerdetail

Fürstenzell, Emporengang

Fürstenzell, Wandpfeiler mit Kapellen und Emporen

1740 Ochsenhausen
Benediktinerkloster

Umbauplanung, Neubau des Mittelrisalites

Ochsenhausen, Treppenhaus

Ochsenhausen, Ansicht von Süden

1740 Reinstetten
Pfarrkirche St. Urban

Neubau (Zuschreibung)

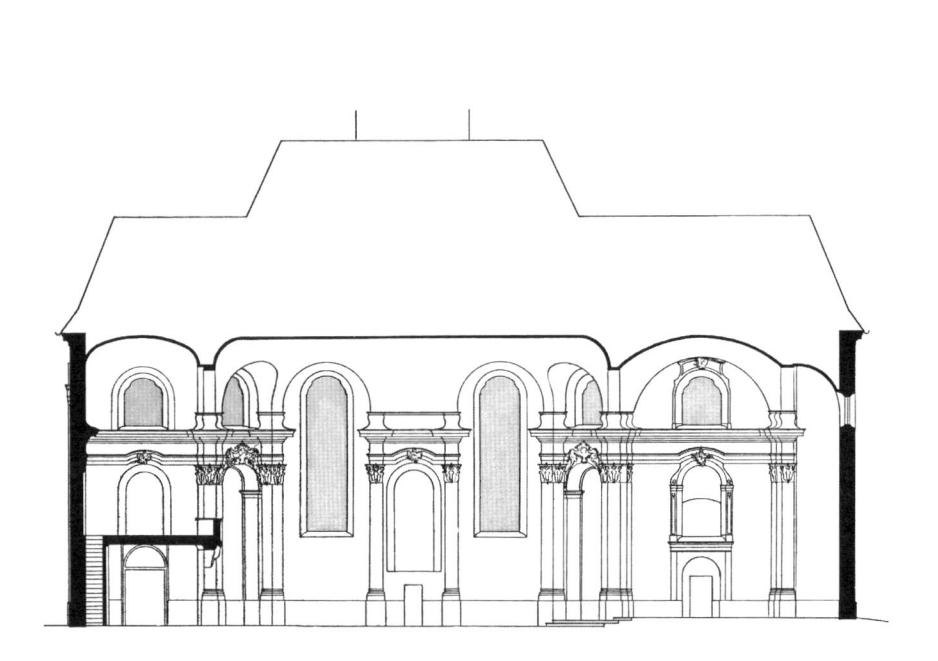

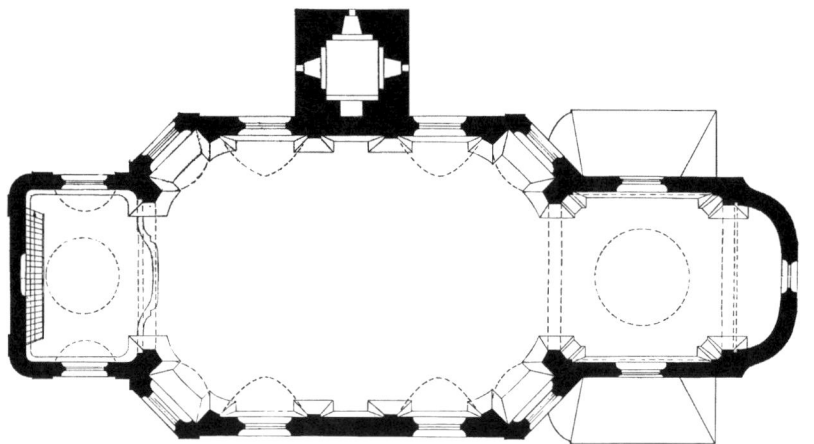

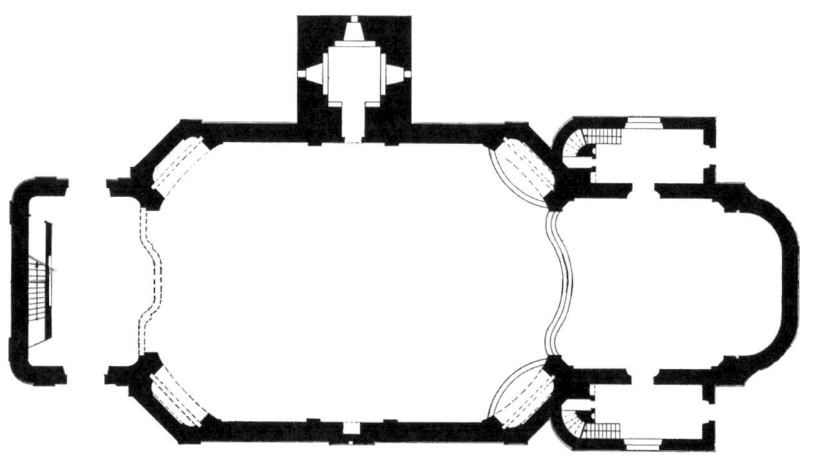

Reinstetten, Schnitt, M 1:400

Reinstetten, Grundrisse, M 1:400

Reinstetten, Innenraum

Reinstetten, Ansicht Nordwesten

Reinstetten, Diagonalpartie im Innenraum

Reinstetten, Innenraum

1745 – 1746 Polling
Märzenbierkeller des Klosters
Neubau

Polling, Deckenkonstruktion im Obergeschoss

Polling, Tuffsteingewölbe im Keller

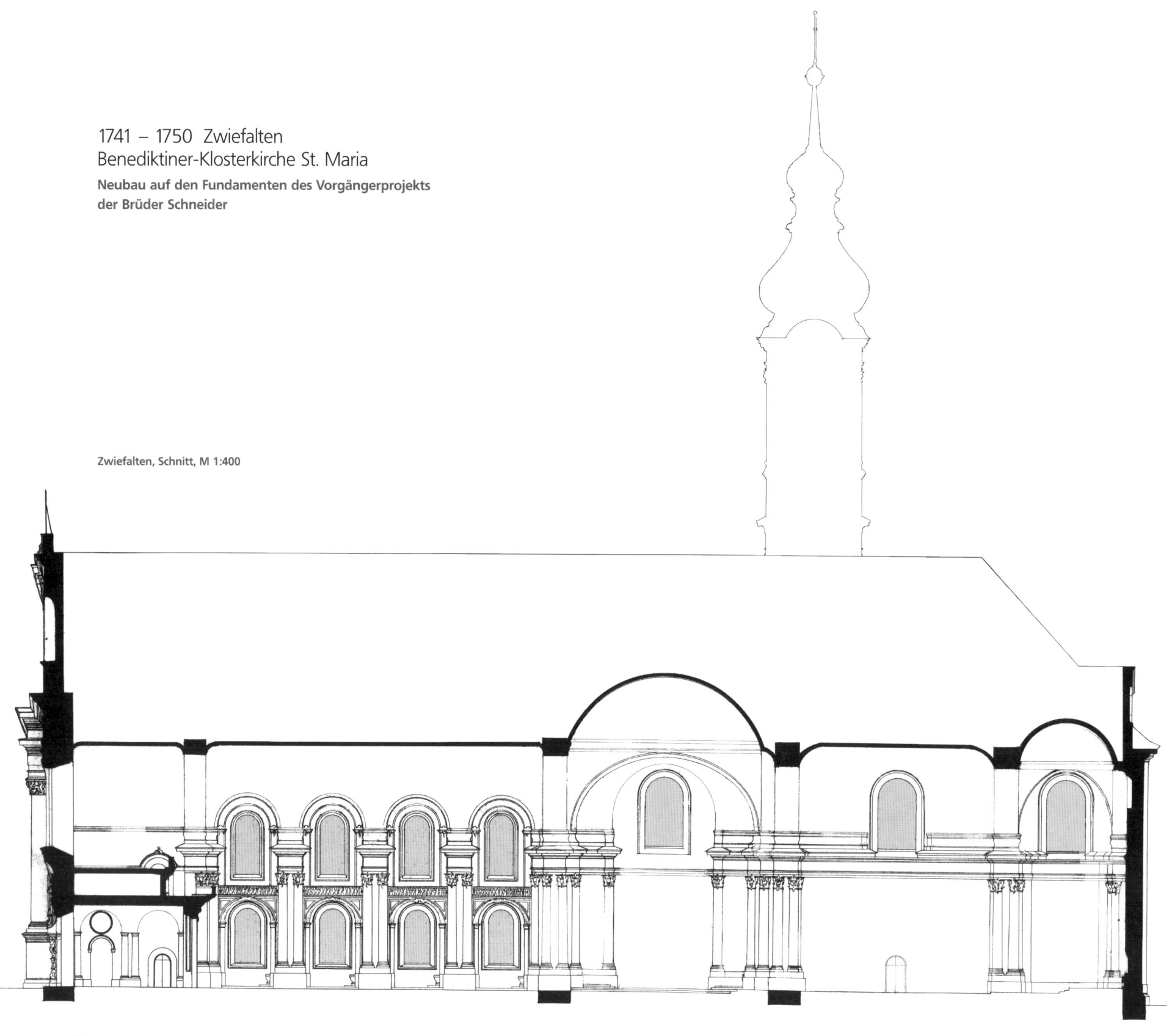

1741 – 1750 Zwiefalten
Benediktiner-Klosterkirche St. Maria

**Neubau auf den Fundamenten des Vorgängerprojekts
der Brüder Schneider**

Zwiefalten, Schnitt, M 1:400

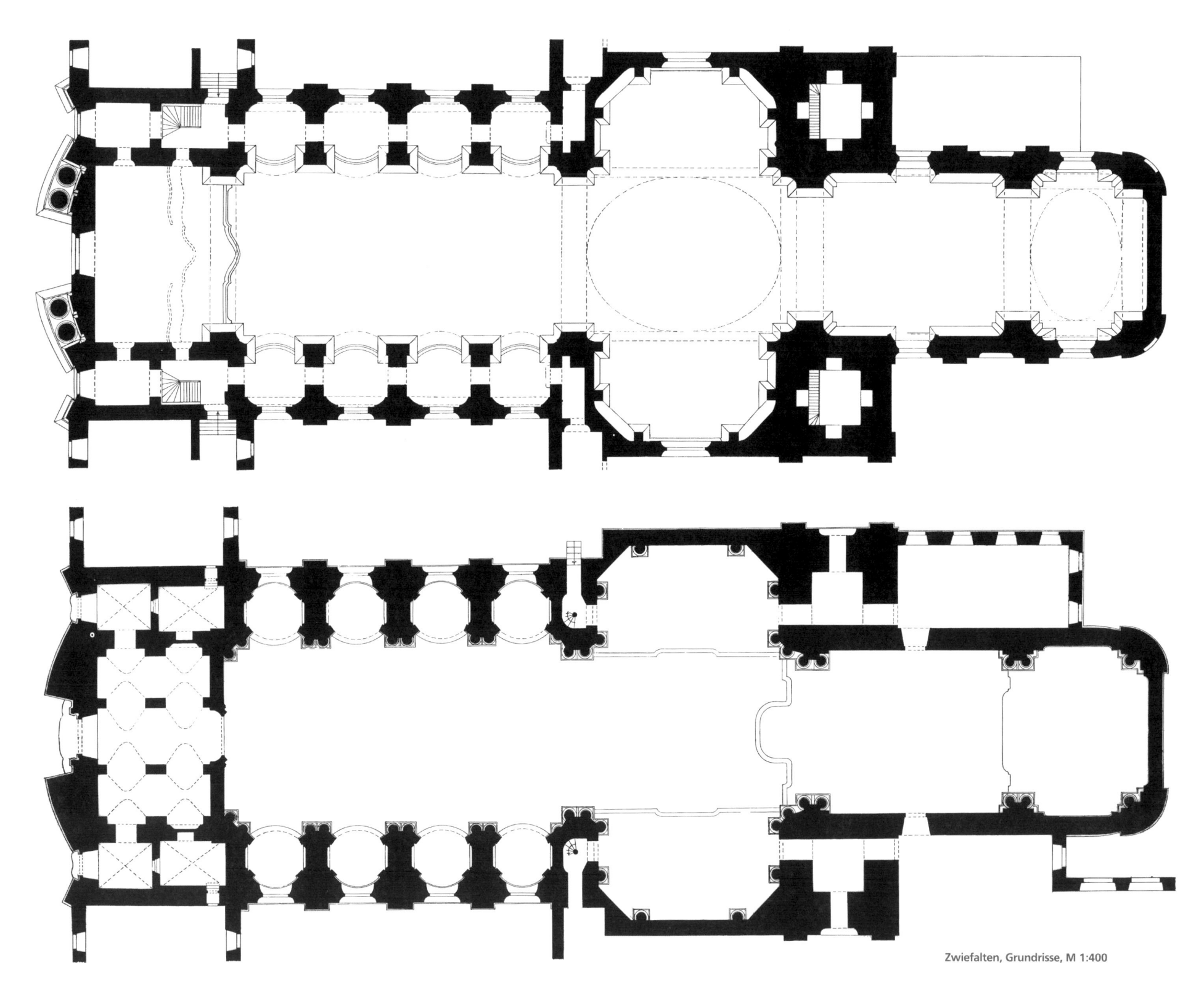

Zwiefalten, Grundrisse, M 1:400

Zwiefalten, Chorpartie und Doppeltürme

Zwiefalten, Eingangsfassade

Zwiefalten, Wandpfeiler mit Kapellen und Emporen

Zwiefalten, Innenraum

Zwiefalten, nördliches Querhaus

Zwiefalten, Emporengang

Zwiefalten, Wandpfeiler mit Emporengang

1747 – 1756 Ottobeuren
Benediktiner-Klosterkirche St. Theodor und Alexander

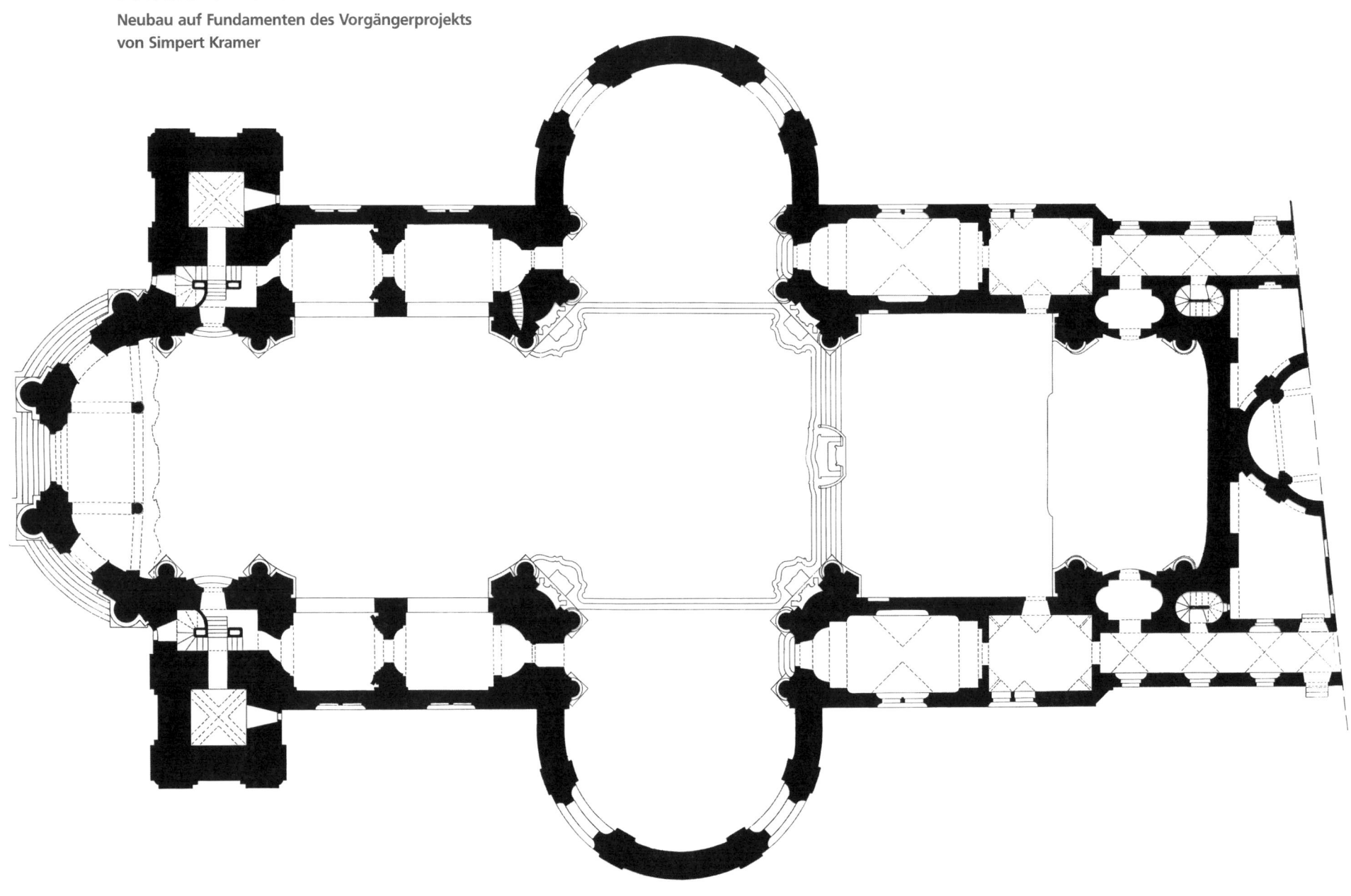

**Neubau auf Fundamenten des Vorgängerprojekts
von Simpert Kramer**

Ottobeuren, Grundriss Eingangsgeschoss, M 1:400

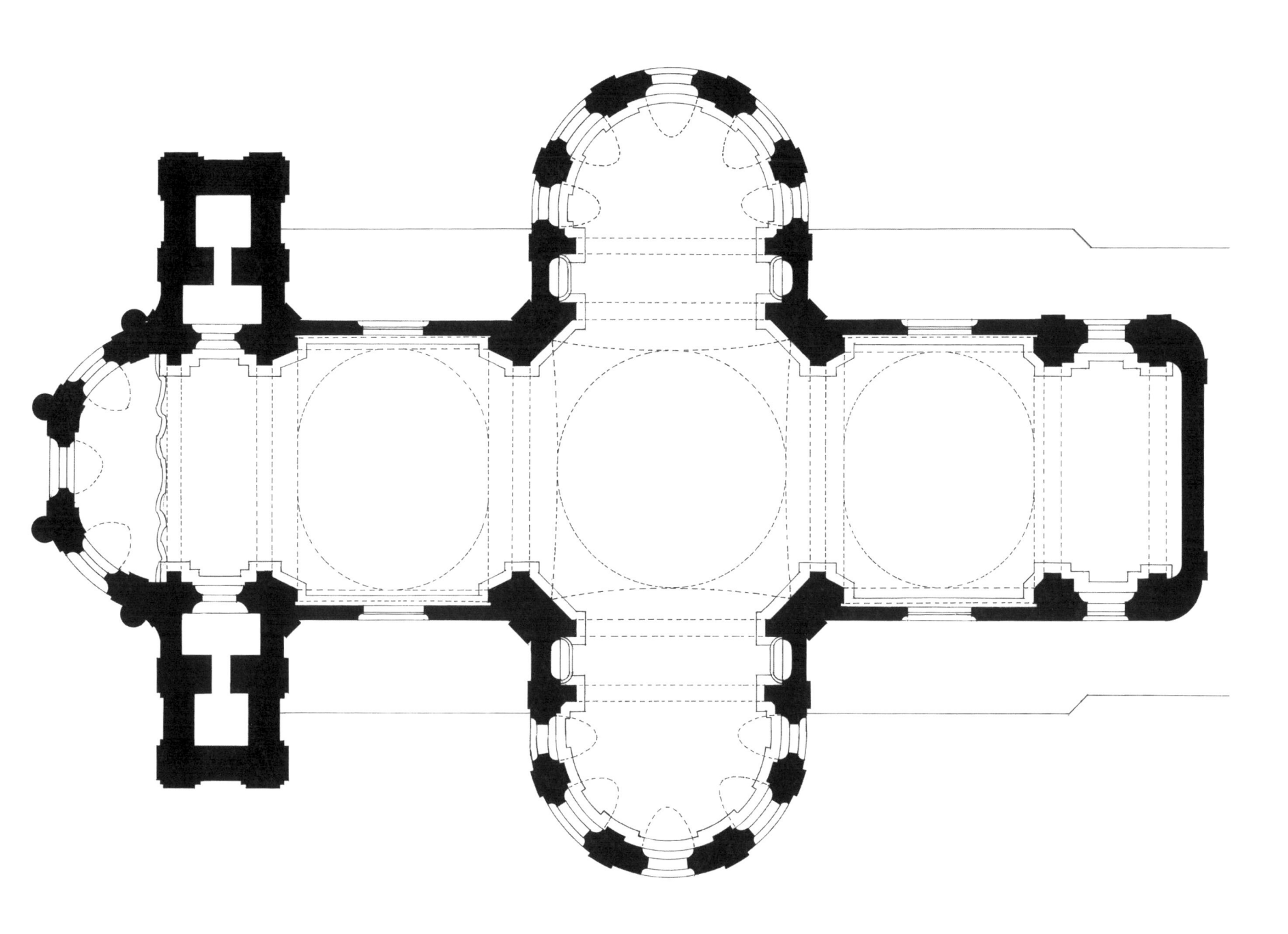

Ottobeuren, Grundriss Emporengeschoss, M 1:400

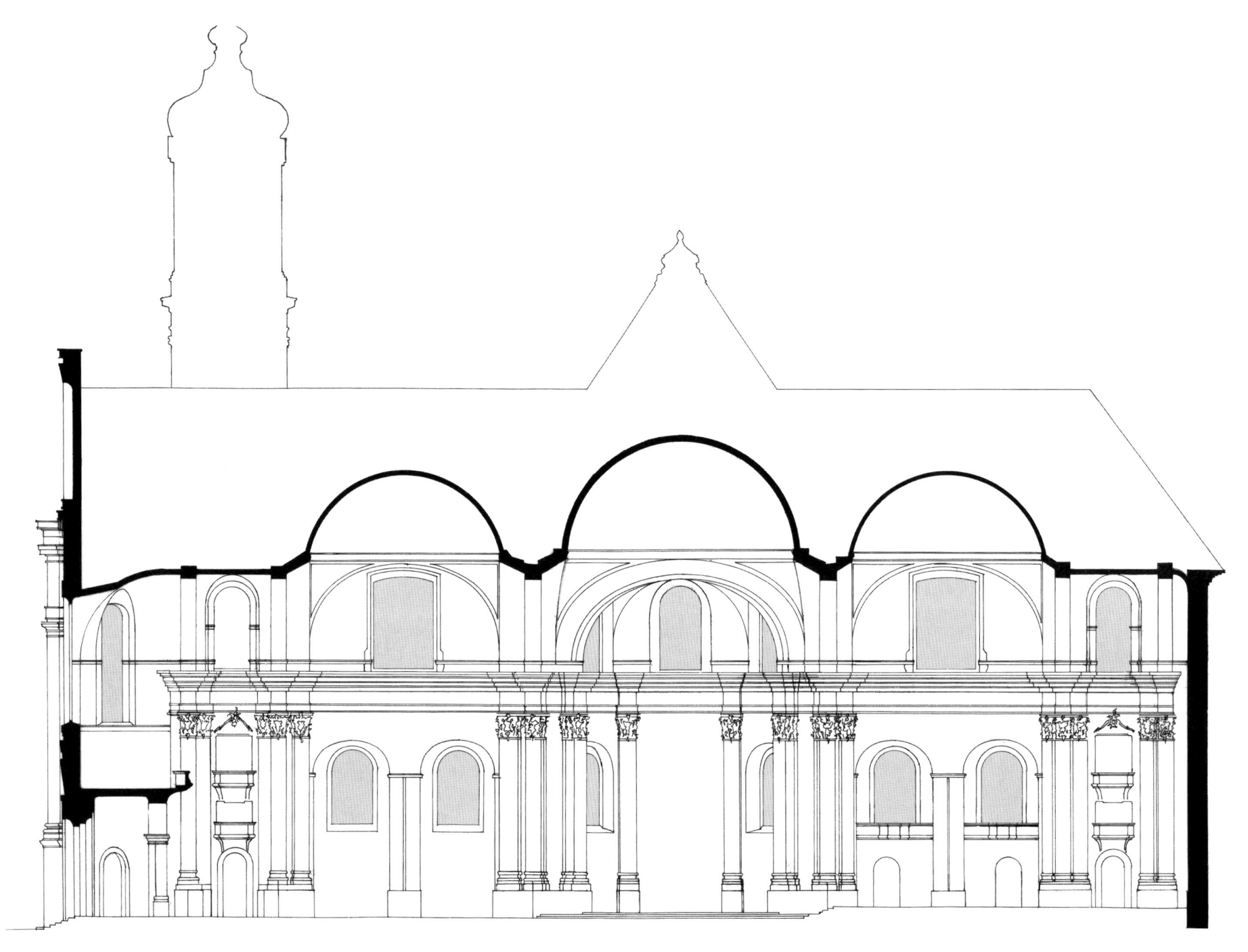

Ottobeuren, Schnitt, M 1:400

Ottobeuren, Ansicht von Westen

Ottobeuren, Doppelturmfassade

Ottobeuren, Innenraum

Ottobeuren, Säulenstellung in Querhaus und Vierung

Ottobeuren, Säulendetail

Ottobeuren, Langhaus und westliches Querhaus

Ottobeuren, Kuppelscheitel und Dachtragwerk über der Vierung

Ottobeuren, Kuppelfuß und Dachtragwerk über der Vierung

1749 bis 1758
Meisterwerke im kleinen Maßstab, Profanbauten und vergebliche Bewerbungen

Während seine Maurer noch an der Großbaustelle Ottobeuren beschäftigt waren, entwarf und baute Fischer vier kleine Kapellen (Grossenzugen, Benediktbeuren, Stallau, Romenthal), die zu den Kabinettstücken spätbarocker Architektur zählen.
Einziger Kirchenbau dieses Zeitraums war die Pfarrkirche in Bichl. Daneben hatte Fischer nur einige Umbauten mittelalterlicher Kirchenräume auszuführen.
Da Fischer in diesen Jahren keinen großen eigenen Kirchenbau-Auftrag bekam, führte er, wie in seinen ersten Münchner Jahren, mehrere Bauten nach Planungen Johann Baptist Gunetzrhainers aus. Außerdem bemühte er sich nach Balthasar Neumanns Tod erfolglos um die Bauausführung der Klosterkirche Neresheim.
Unausgeführt blieben auch drei Planungsvarianten für ein Lazarett in München.
Mehrere, meist kleine, profane Bauaufträge runden das Bild von Fischers Tätigkeit in den 50er Jahren ab.

1748	München, Lazarettkapelle, Neubau-Planung	
1749	Grossenzugen, Kapelle, Neubau (Zuschreibung)	
1749 – 1750	Benediktbeuern, Anastasia-Kapelle, Neubau	
1749 – 1758	Ulm-Wiblingen, Westflügel des Klosters, Neubau, teilweise Umplanung und Bauausführung	
1750 – 1751	Stallau, Kapelle, Neubau	
1750 – 1752	Bichl, Pfarrkirche, Neubau	
1751 – 1755	Schäftlarn, Klosterkirche, Bauausführung nach Planung von Johann Baptist Gunetzrhainer	
1753	Neresheim, Klosterkirche, Bewerbung um Bauausführung nach Planung von Balthasar Neumann	
1753	Freising-Weihenstephan, Klosterkirche, Umgestaltung (Zuschreibung)	
1753 – 1758	München-Harlaching, Wallfahrtskirche, Neubau Bauausführung nach Planung von Johann Baptist Gunetzrhainer (Zuschreibung)	
1754	München, Sommerhaus Knöbl, Neubau	
1754	Sigmertshausen, Hofmarkskirche, Neubau Bauausführung nach Planung von Johann Baptist Gunetzrhainer (Zuschreibung)	
1754 – 1755	München, Lazarett, Neubau, drei Planungsvarianten	
1755	München, Sommerhaus des Hofwaisenhauses, Neubau	
1755	Bad Aibling, Pfarrkirche, Umbau	
1755	Straßlach, Kirchturm, Neubau, Bauausführung	
1755	Endlhausen, Pfarrkirche, Neubau, Bauausführung nach Planung von Johann Baptist Gunetzrhainer (Zuschreibung)	
1755 – 1756	München, Pötschner-Benefiziaten-Haus, Neubau	
1755 – 1756	Diessen, Prälatur, Neubau (Zuschreibung)	
1756	Romenthal, Gutskapelle, Neubau (Zuschreibung)	
1756	München, Sommerhaus Solaty, Neubau	
1756	München, „Museum physicum" (Experimentierraum) im Jesuitenkloster, Neubau	
1757 – 1758	München, Clemens-Schlößchen, teilw. Neubau	

1754 – 1755 München
Projekt für ein Lazarett
nicht ausgeführt

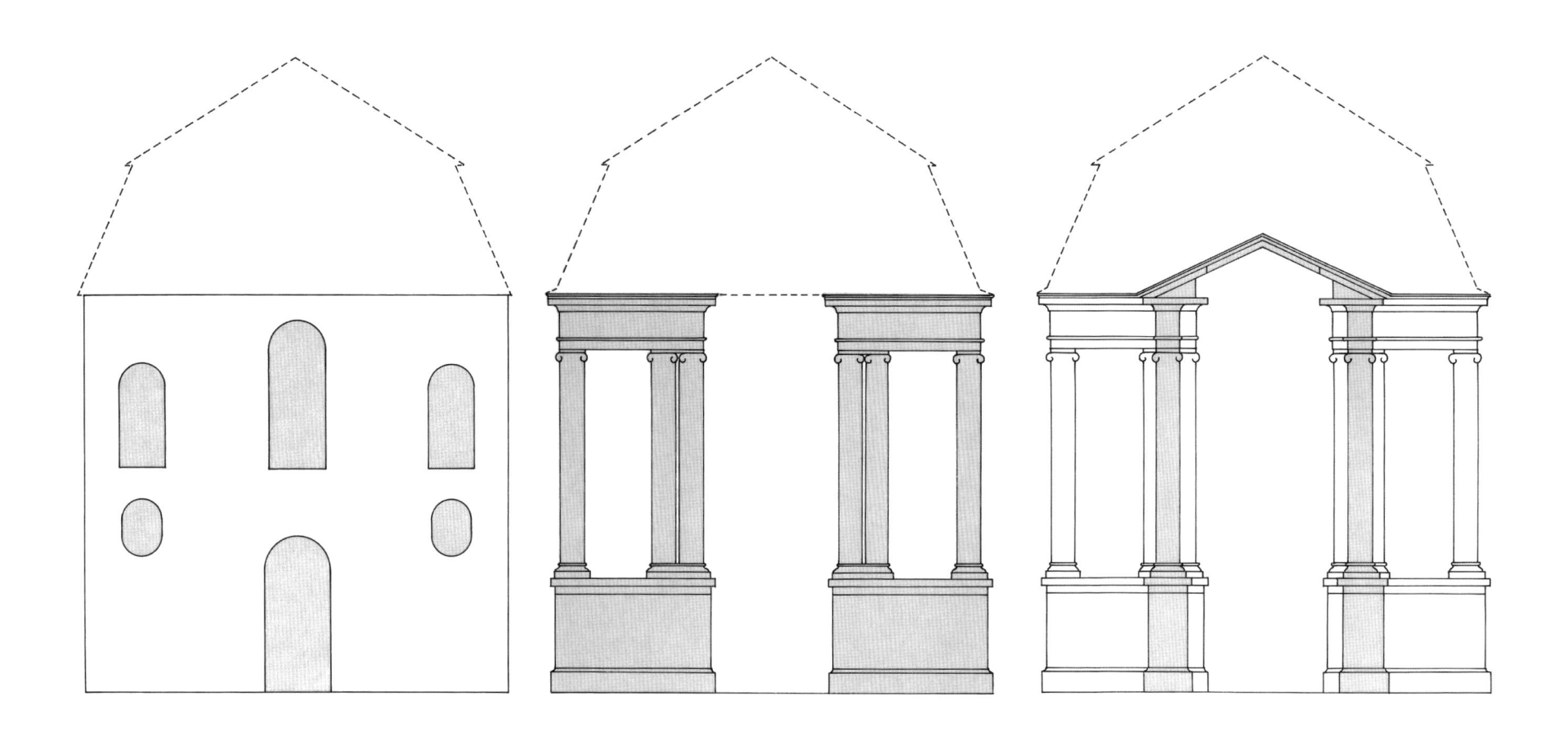

Baukörper mit Öffnungen:
München, Lazarett-Projekt, Analyse der Kirchenfassade

Erste Schicht der Architekturgliederung

Zweite Schicht der Architekturgliederung

München-Lazarettprojekt, Rekonstruktionsmodell

1749 Gossenzugen
Kapelle St. Magnus
Neubau (Zuschreibung)

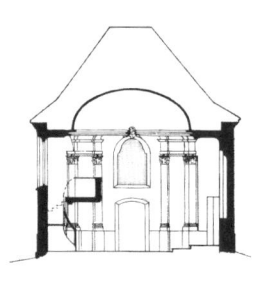

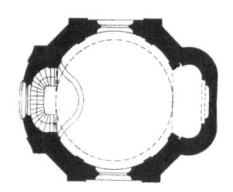

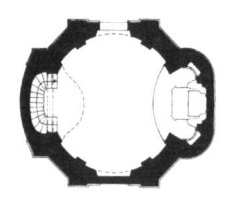

Gossenzugen, Schnitt, Grundrisse, M 1:400

Gossenzugen, Innenraum

Gossenzugen, Ansicht von Westen

1749 – 1750 Benediktbeuern
Anastasia-Kapelle

Neubau

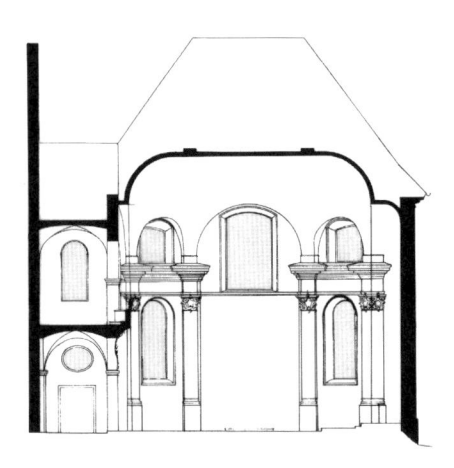

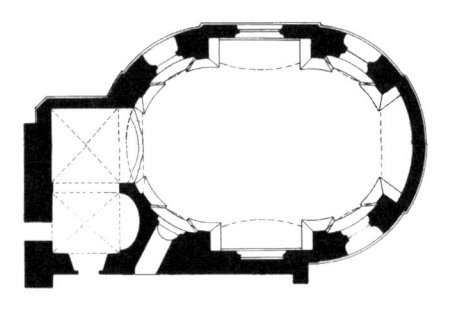

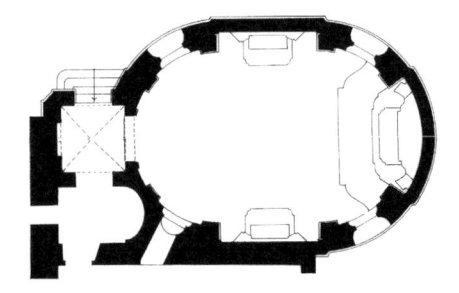

Benediktbeuern, Anastasia-Kapelle, Schnitt, Grundrisse, M 1:400

Benediktbeuern, Klosterkirche mit angebauter Anastasia-Kapelle

Benediktbeuern Anastasia-Kapelle, Innenraum

Benediktbeuern Anastasia-Kapelle, Diagonalpartie im Innenraum

Benediktbeuern Anastasia-Kapelle, Pilasterdetail

Benediktbeuern Anastasia-Kapelle, Fensterwand

1750 – 1751 Stallau
Kapelle
Neubau
Anfang des 19. Jh. zerstört

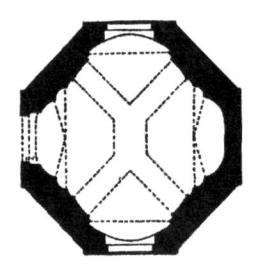

Stallau, Originalschnitt Fischers, Rekonstruktion des Grundrisses, M 1:200

Stallau, Rekonstruktionsmodell

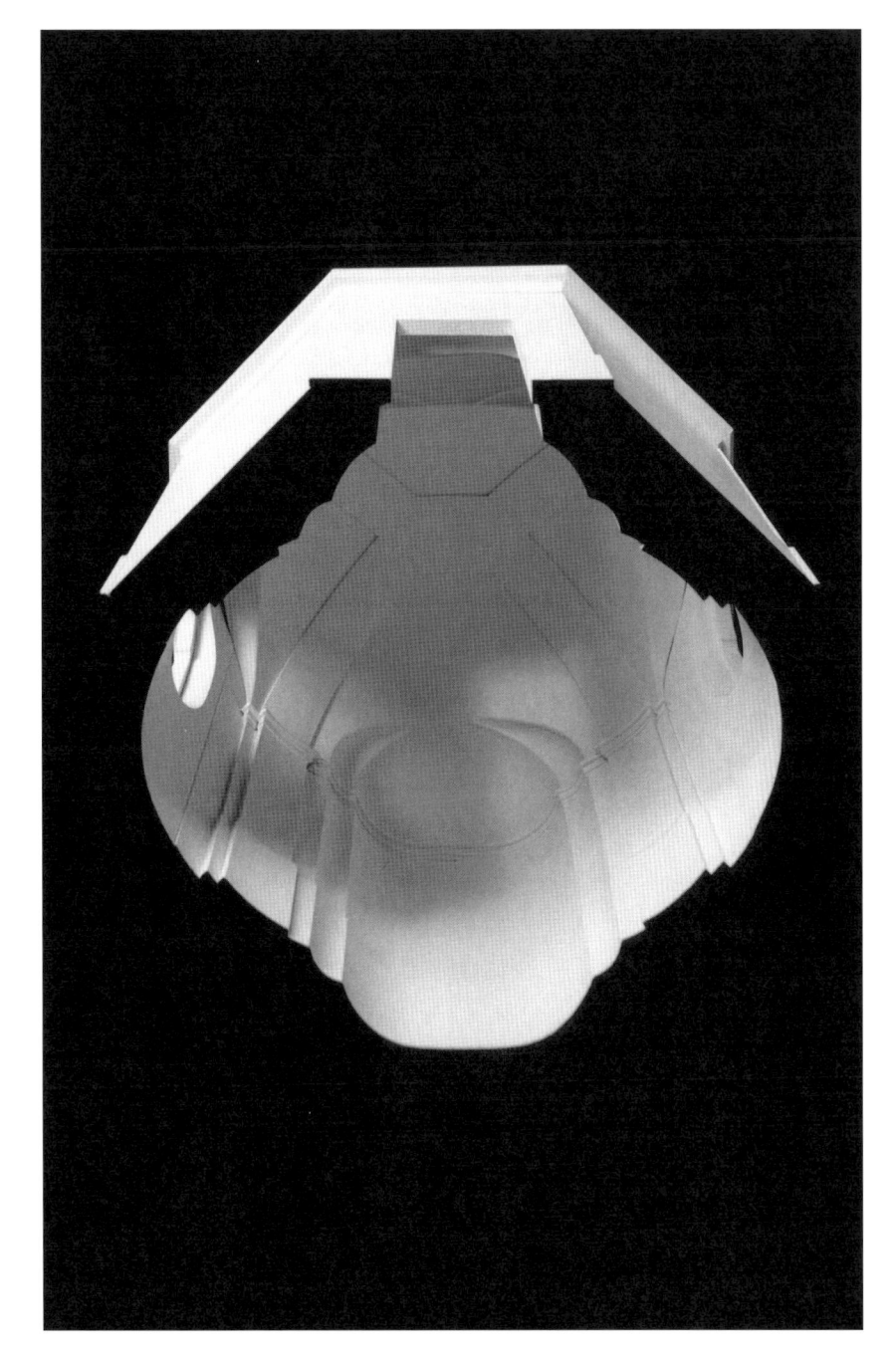

Stallau, Rekonstruktionsmodell

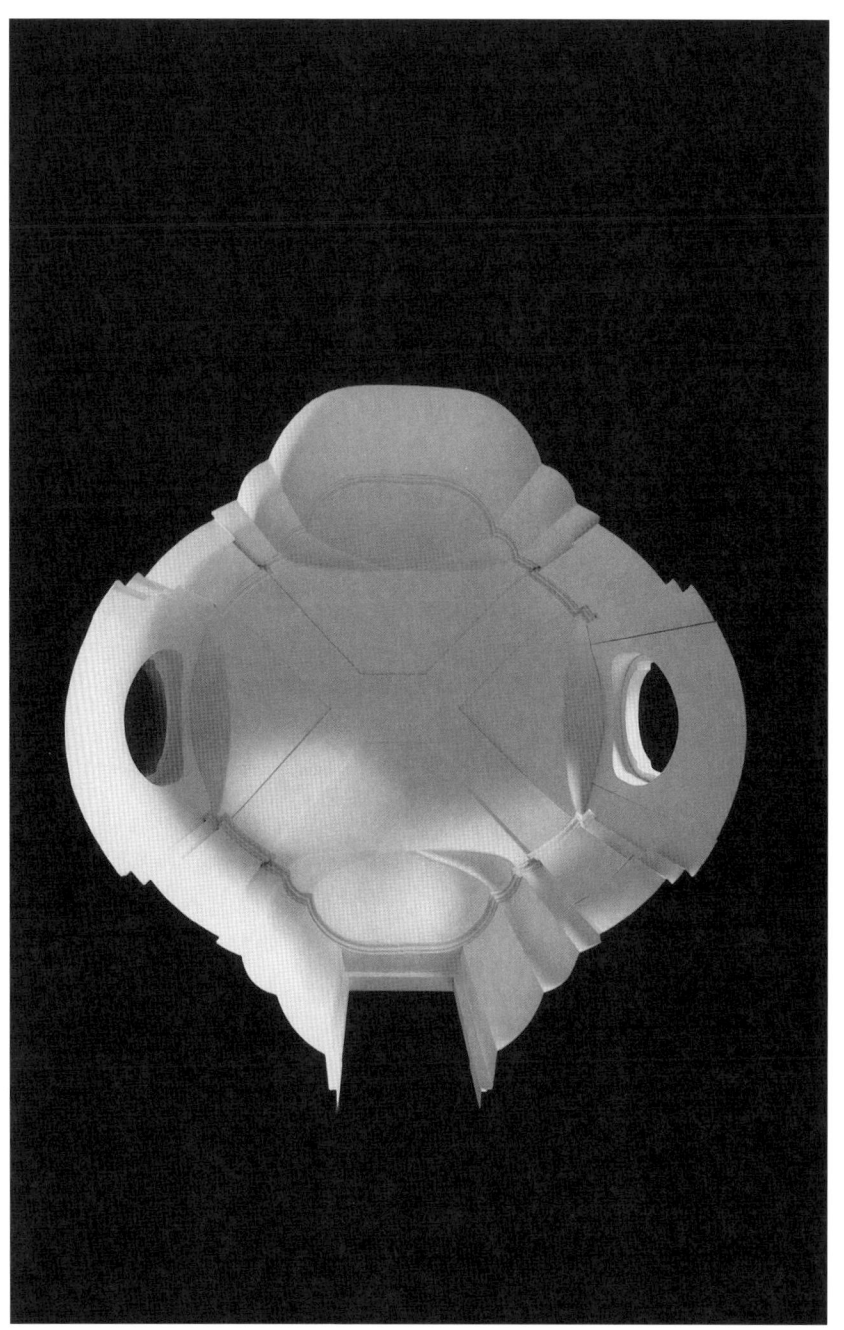

Stallau, Rekonstruktionsmodell

1750 – 1752 Bichl
Pfarrkirche St. Georg
Neubau unter Einbeziehung des alten Turms

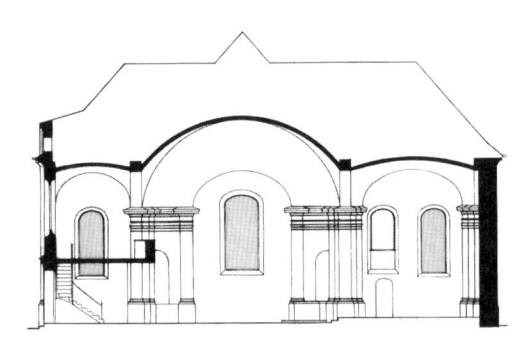

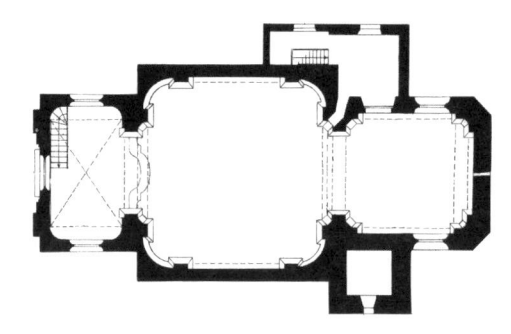

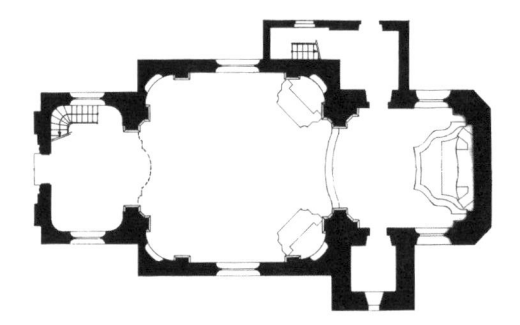

Bichl, Schnitt, Grundrisse, M 1:400

Bichl, Rekonstruktionsmodell des Zentralraumes

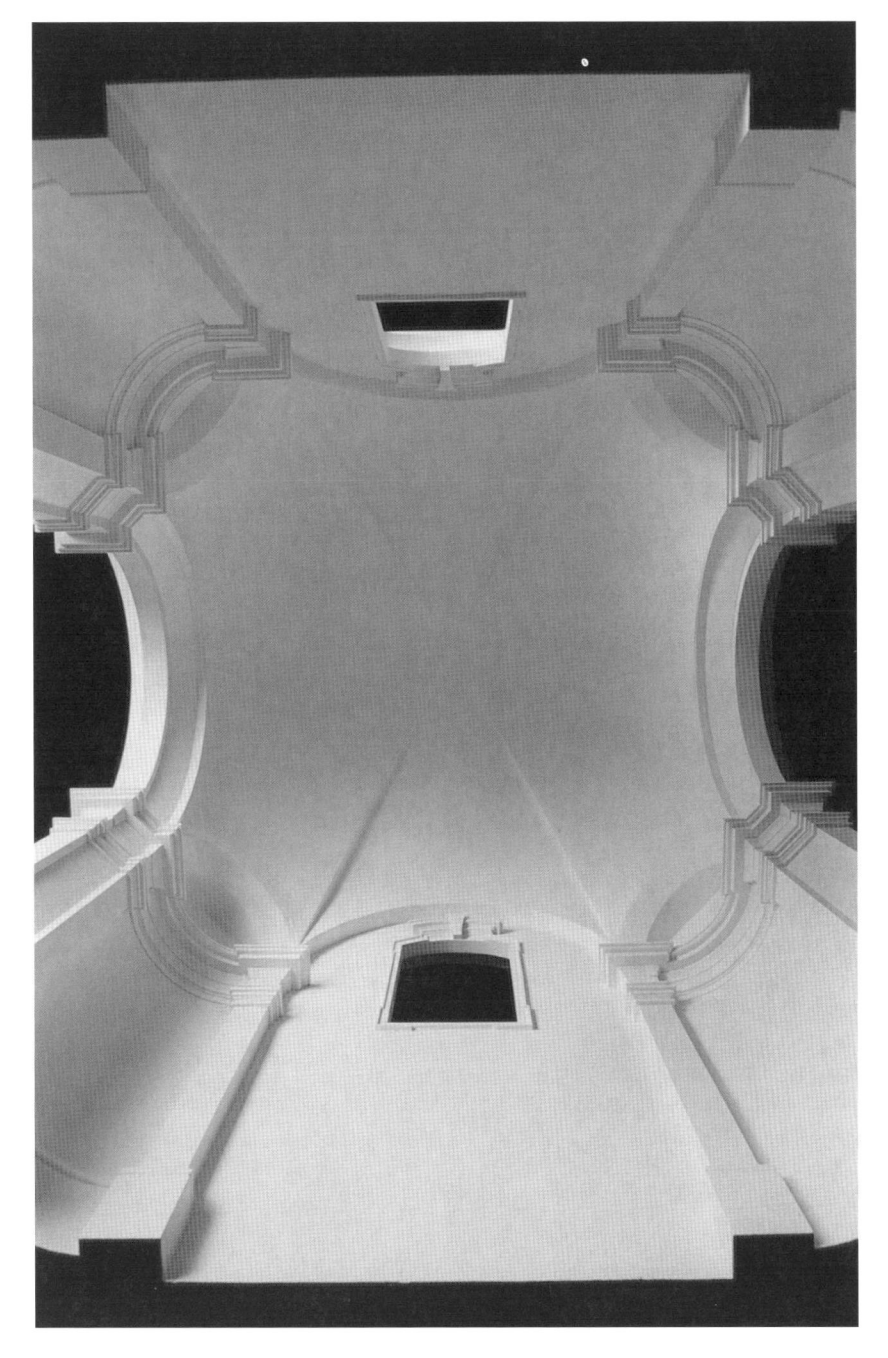

Bichl, Rekonstruktionsmodell des Zentralraumes

Bichl, Rekonstruktionsmodell des Zentralraumes

119

Bichl, Eingangsfassade

Bichl, Diagonalpartie im Innenraum

Bichl, Innenraum

1756 Romenthal
Gutskapelle St. Anna
Neubau (Zuschreibung)

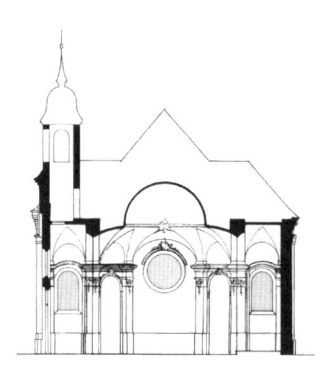

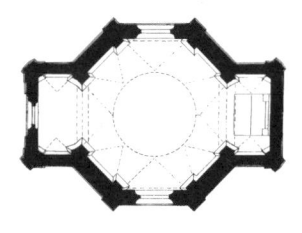

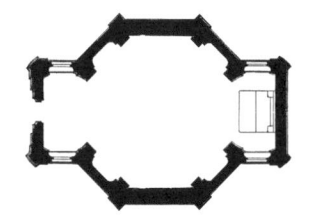

Romenthal, Schnitt, Grundrisse, M 1:400

Romenthal, Ansicht von Südwesten

Romenthal, Innenraum

Romenthal, Innenraum

1755 Bad Aibling
Pfarrkirche
Umbau

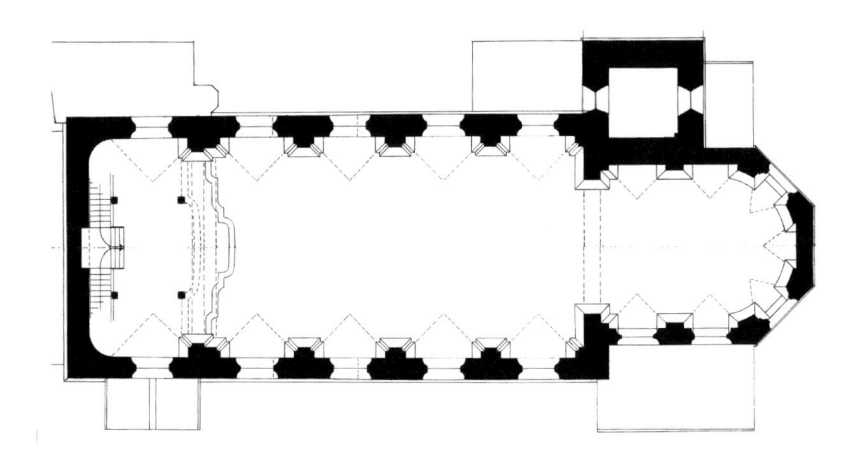

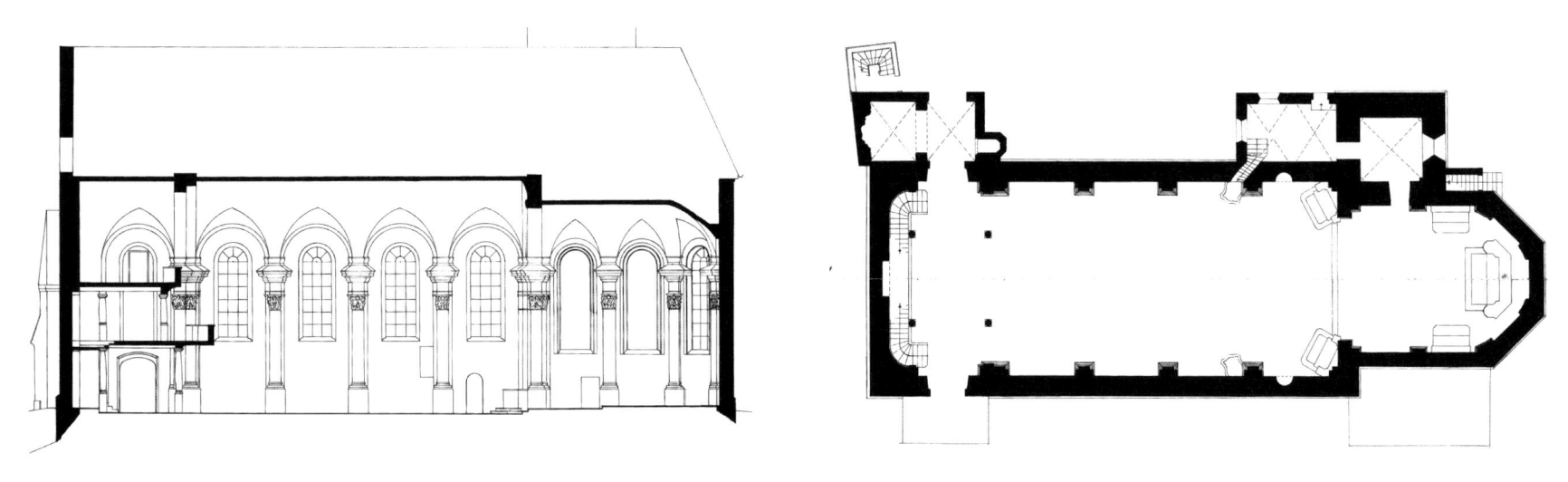

Bad Aibling, Schnitt, Grundrisse, M 1:400

Bad Aibling, Ansicht von Süden

Bad Aibling, Innenraum

Bad Aibling, Innenraum

1758 bis 1766
Letzte Glanzpunkte Fischerscher Raumkunst

In seinen letzten Lebensjahren konnte Fischer noch zwei Klosterkirchen nach eigenen Entwürfen bauen: Rott am Inn und Altomünster. In beiden Spätwerken entwickelte er, ausgehend von „seinem" Raumtypus des Arkaden-Oktogons, die reichsten und differenziertesten Raumfolgen seines gesamten Schaffens.
Die Klosterkirche in Rott am Inn bildet im vollendeten Zusammenklang von Raumkomposition, Lichtführung und konstruktivem System den Höhepunkt von Fischers architektonischen Schöpfungen.

Altomünster ist das komplizierteste Raumgebilde, das Fischer ersonnen hat – in konsequenter baulicher Umsetzung schwierigster funktionaler und topographischer Voraussetzungen.
Noch in seinem letzten Projekt, für die Pfarrkirche Söllhuben, zeigte sich Fischer, „welcher niemalen geruhet", auf voller Höhe seiner schöpferischen Kraft.
Als Neuerung plante er hier zum erstenmal in seinem Werk eine emporenlose Variante des Arkaden-Oktogons.

1758 – 1762	Rott am Inn, Klosterkirche, Neubau	
1759 – 1760	Babenhausen, Schloß, Umbau	
1760	München, Bogen mit Übergang im Kloster der Englischen Fräulein, Planung	

1763 – 1766	Altomünster, Klosterkirche, Neubau
1765	Neumarkt-St. Veit, Kirchturm, Ausbau-Planung
1765	Söllhuben, Pfarrkirche, Neubau-Planung

1758 – 1762 Rott am Inn
Benediktiner-Klosterkirche St. Marinus und Anianus

**Neubau unter Einbeziehung der alten Turmuntergeschosse
und alter Mauerzüge**

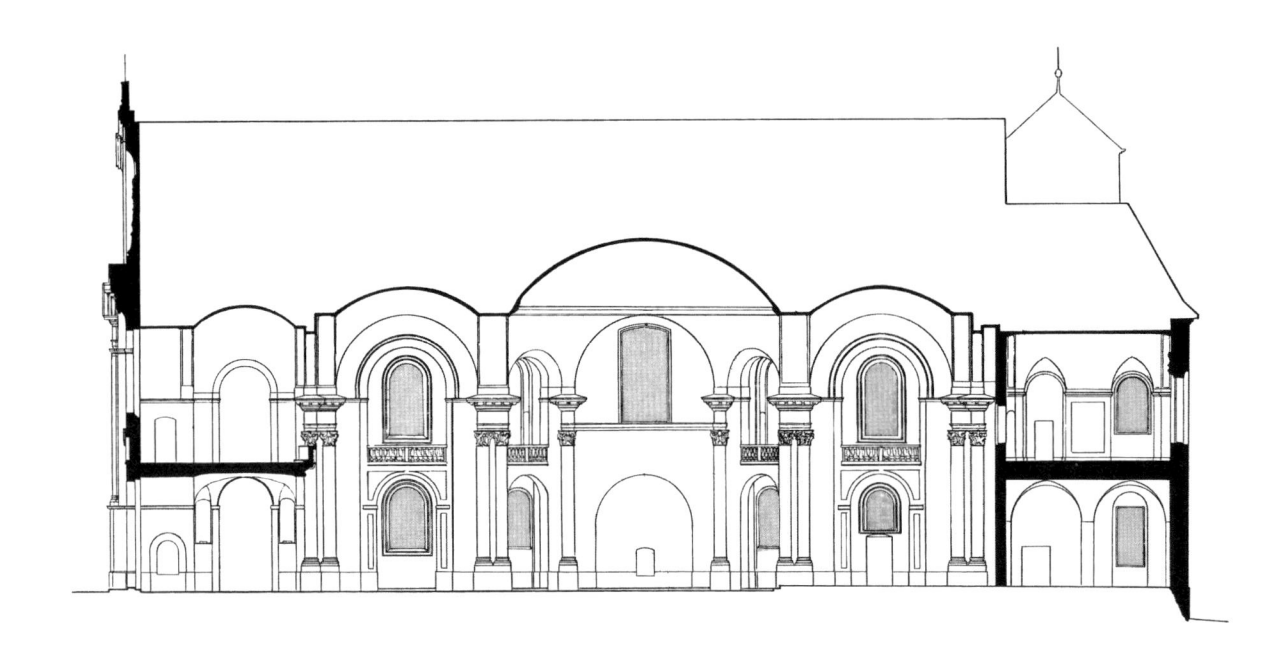

Rott am Inn, Schnitt, M 1:400

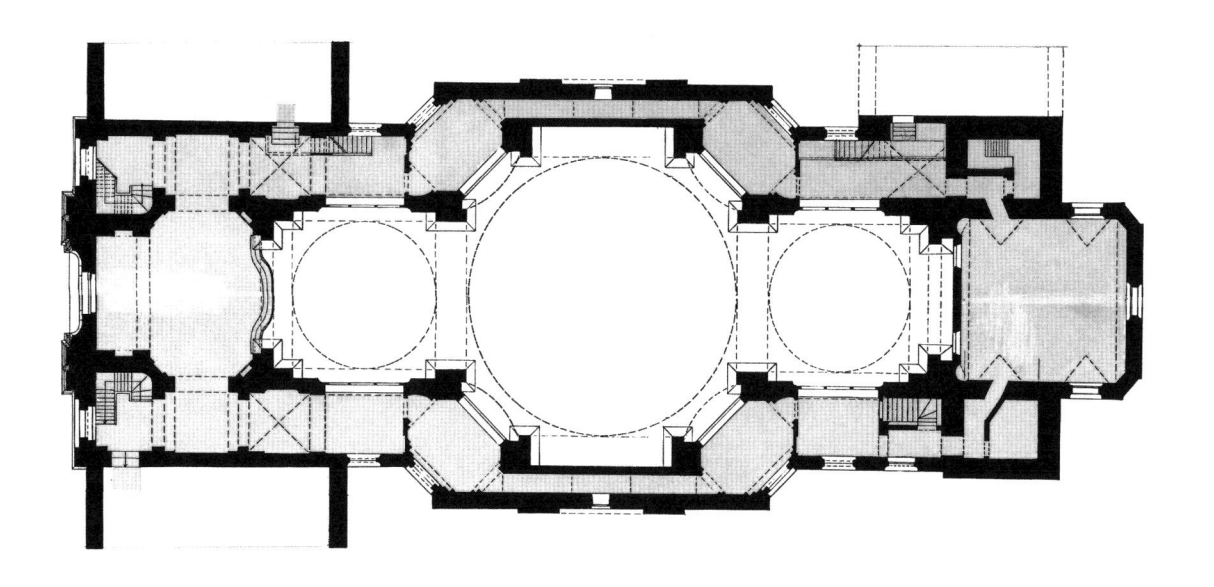

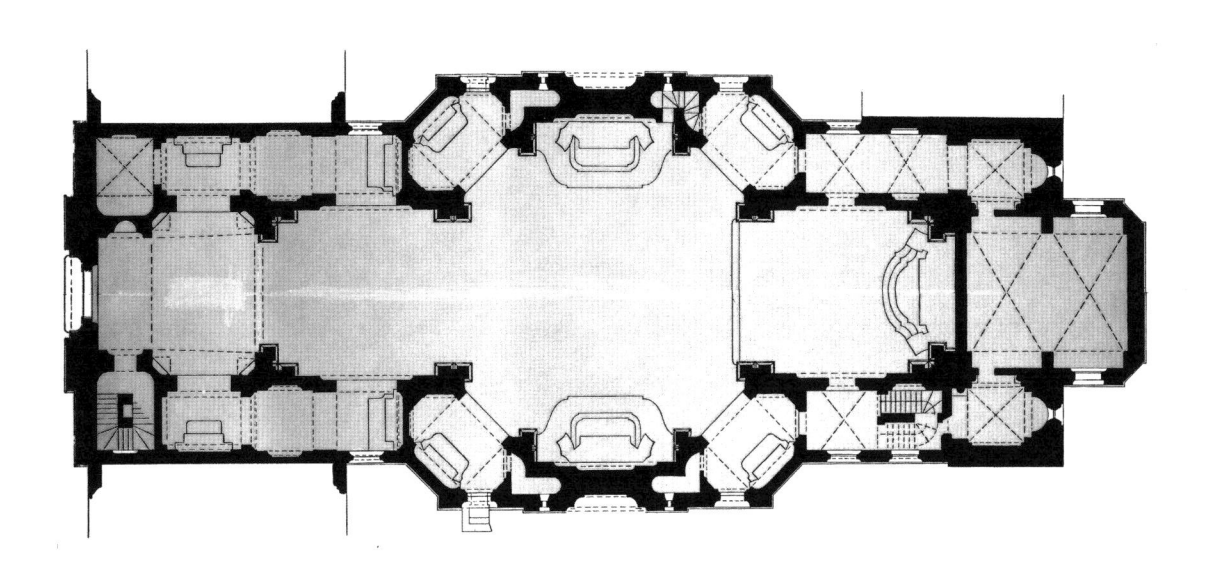

Rott am Inn, Grundrisse, M 1:400

Rott am Inn, Aedikula auf der Südseite

Rott am Inn, Detail aus der Eingangsfassade

Rott am Inn, Eingangsfassade

Rott am Inn, Innenraum

Rott am Inn, Innenraum

Rott am Inn, verdeckter Emporengang

Rott am Inn, Emporengang

Rott am Inn, Innenraum

Rott am Inn, Gruft unter der Kirche

Rott am Inn, Gruft unter der Kirche

Rott am Inn, Innenraum

1763 – 1766 Altomünster
Klosterkirche St. Alto für das Birgitten-Doppelkloster
**Neubau unter Einbeziehung des alten Mönchschors
und des alten Turmuntergeschosses**

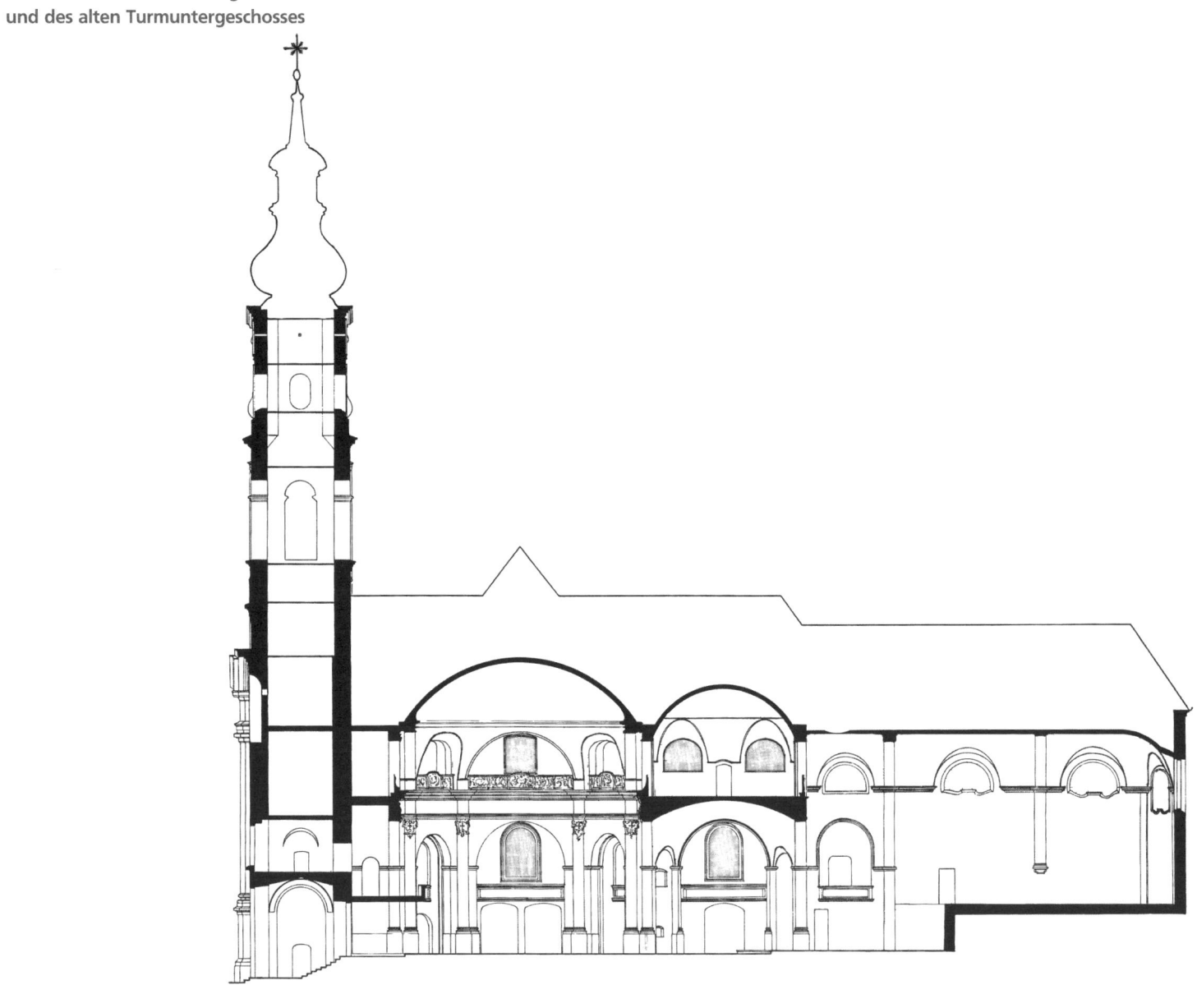

Altomünster, Schnitt, M 1:400

2. Emporengeschoss, Geschoss der Nonnen

1. Emporengeschoss, Geschoss der Mönche

Eingangsgeschoss, Geschoss der Gemeinde
Altomünster, Grundrisse, M 1:400

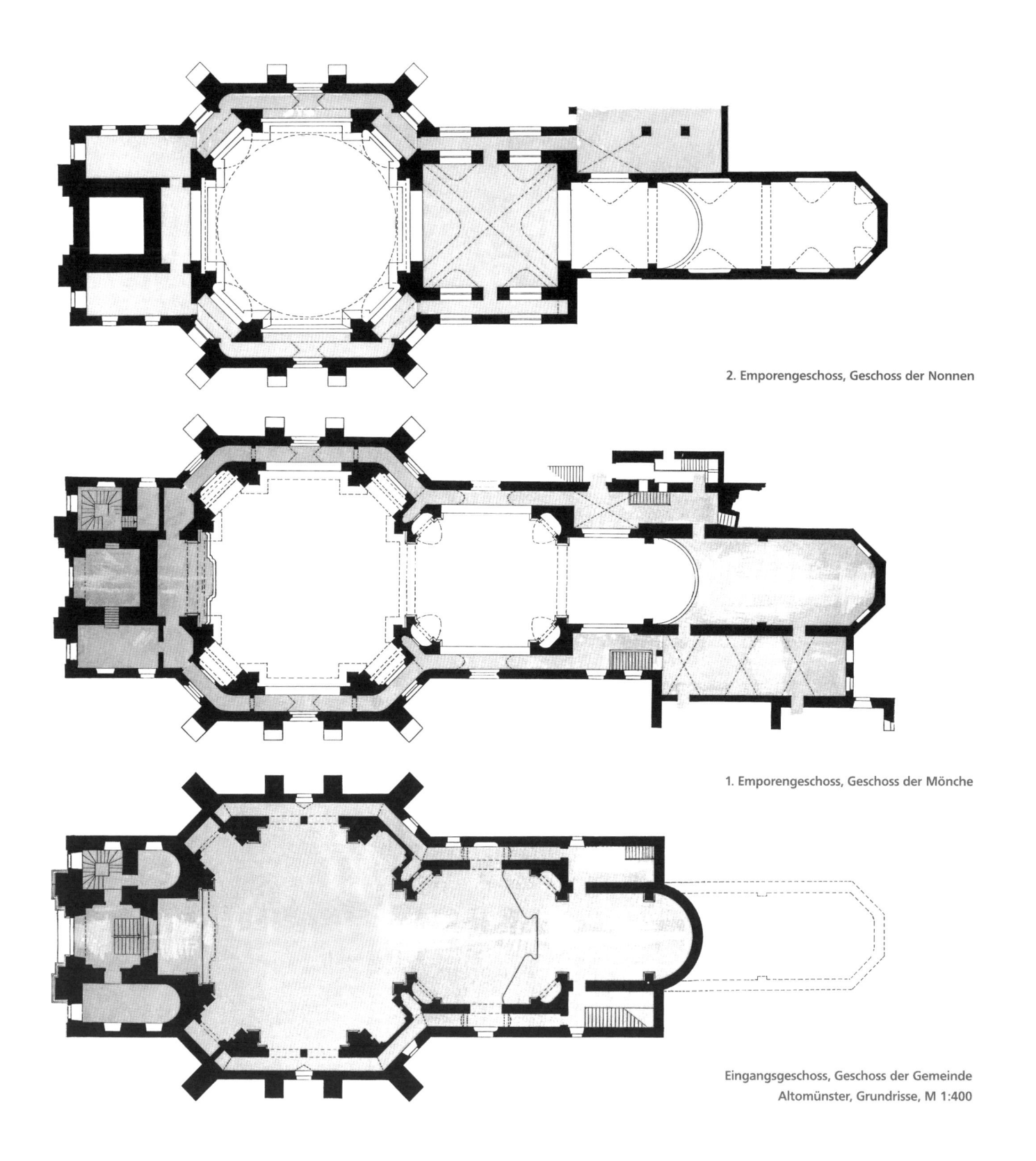

Altomünster, abgebildet im Deckenfresko des Zentralraumes der Klosterkirche (Josef Mages 1768)

Altomünster, Einturmfassade

Altomünster, Innenraum

Altomünster, Innenraum

Altomünster, Innenraum

Altomünster, indirekte Belichtung des Nonnenchores

Altomünster, Emporengang

Altomünster, Innenraum

1765 – 1766 Söllhuben
Pfarrkirche St. Rupert

**Neubau nach Planung Fischers, unter Einbeziehung des alten Altarraums und des alten Turms
1943 – 1947 Altarraum und Turm in Anlehnung an Fischers Original-Pläne umgebaut (Arch. R. Esterer)**

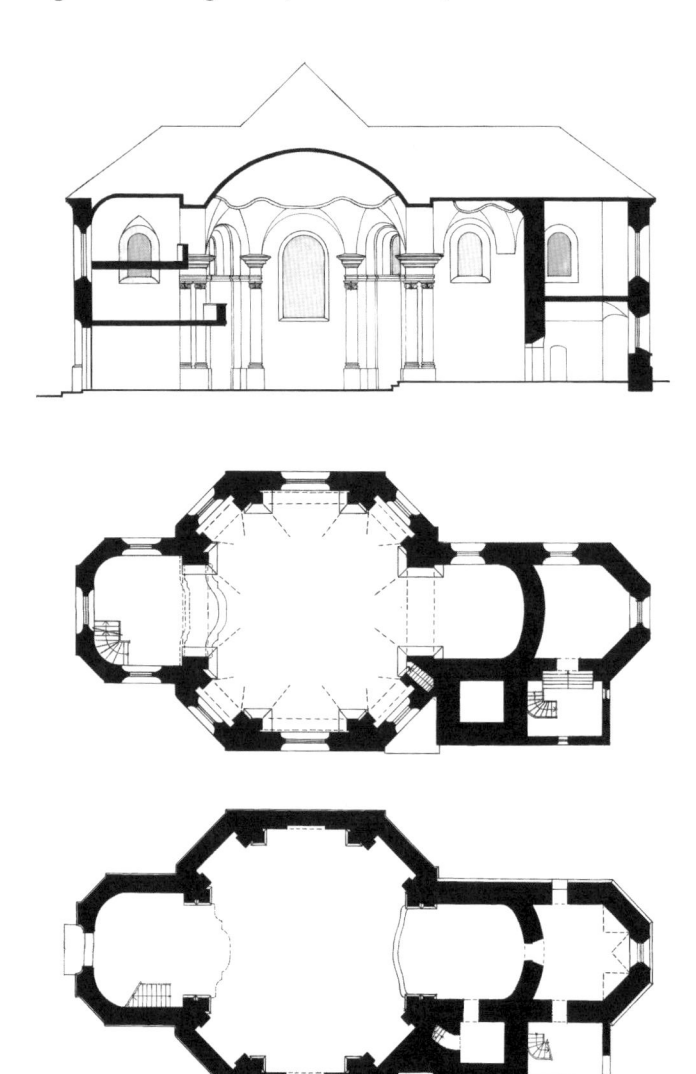

Söllhuben, Schnitt, Grundrisse, M 1:400

Söllhuben, Axonometrie

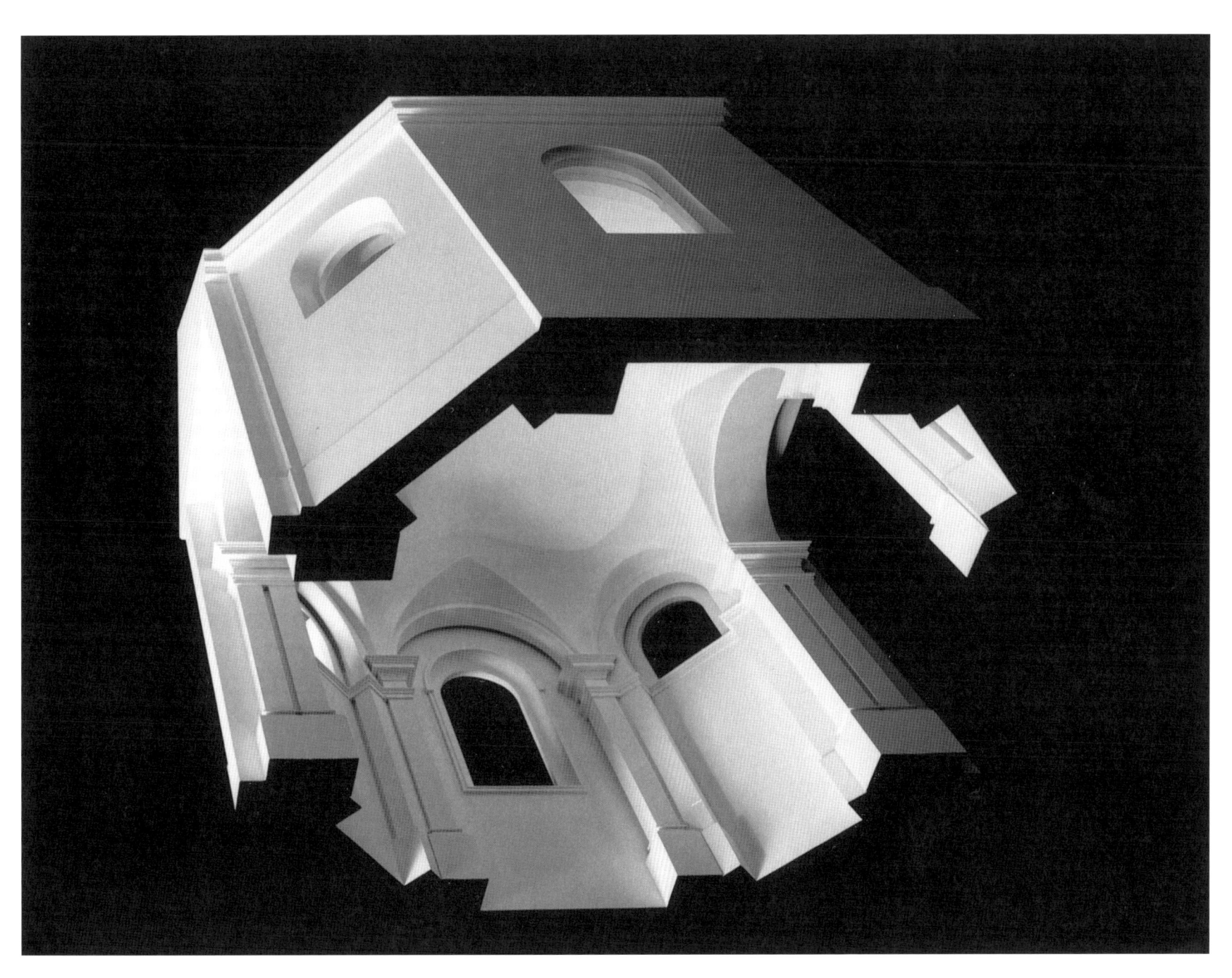

Söllhuben, Rekonstruktionsmodell des Zentralraumes

Söllhuben, Ansicht von Osten

Söllhuben, Diagonalpartie im Innenraum

Söllhuben, Innenraum

Zu den Planzeichnungen

Die hier einheitlich im Maßstab 1:400 abgebildeten Pläne wurden für die Fischer-Ausstellung in meinem Architekturbüro 1995 neu angefertigt. Mitgearbeitet haben daran Maria Breitschwerdt und Florian Rixner, denen ich an dieser Stelle für ihren Einsatz noch einmal herzlich danken möchte.

Natürlich konnten wir zur Ausstellung nicht alle Fischer-Kirchen komplett neu aufmessen – wer sich je in diesem Metier versucht hat, weiß, dass ein derartiges Vorhaben die Ausmaße eines Lebenswerkes annehmen müsste.

Neu aufgemessen wurden die Innenräume von Kirchham, Unering, Aicha, Reinstetten und Grossenzugen sowie wichtige Teilbereiche der Hauptwerke Aufhausen, Ottobeuren, Rott und Altomünster.

Die meisten anderen Zeichnungen gehen auf Vorlagen von Architekt Max Gruber zurück, die er mir bereits 1979 großzügig zur Verfügung stellte. Sie wurden vor Ort korrigiert, überarbeitet und in vereinheitlichter Darstellung neu gezeichnet.

Für ihre Hilfe bei der Bearbeitung von Diessen habe ich Frau Dr. Dagmar Dietrich zu danken, für Angaben über Nebenräume und Treppenanlagen in Osterhofen, Fürstenzell und Zwiefalten Frau Dr. Gabriele Dischinger.

Die zum Modellbau notwendigen Rekonstruktionszeichnungen für die Stallau-Kapelle, die Zentralräume von Bichl und Söllhuben sowie die Lazarett-Fassade basieren auf erhaltenen Originalzeichnungen von Johann Michael Fischer.

Zu den Architekturmodellen

Das auf den Seiten 63 und 64 abgebildete Raummodell der Augustinerkirche Ingolstadt wurde 1985 rekonstruiert und gebaut als Übungsarbeit bei Prof. Friedrich Kurrent im Fach Raumgestaltung am Lehrstuhl für Entwerfen, Raumgestaltung und Sakralbau der Architekturfakultät der Technischen Universität München. Bearbeiter waren die Architekturstudenten Werner Frick, Manfred Grüner und Hubert Koukol.

Dankenswerterweise stellte Herr Professor Kurrent dieses Modell der Fischer-Ausstellung als Dauerleihgabe zur Verfügung.

Alle anderen hier abgebildeten Architekturmodelle erstellte nach meinen Plänen die Architekturwerkstatt Probst, München. Herrn Klaus-Jürgen Probst sei für die konstruktive Zusammenarbeit und die hervorragende Qualität der Ausführung hier nochmals herzlich Dank gesagt.

Franz Peter

Franz Peter

1950	in München geboren
1969 – 71	Kunstgeschichtestudium an der Universität München
1972 – 78	Architekturstudium an der TU München, Diplom
1982 – 88	wissenschaftlicher Assistent am Lehrstuhl für Entwerfen, Raumgestaltung und Sakralbau, Prof. Friedrich Kurrent, TU München
seit 1988	eigenes Architekturbüro in München, Schwerpunktmäßig Projekte der Denkmalpflege;

Franz Wimmer

1956	in Pfarrkirchen, Niederbayern geboren
1976 / 77	Salzburg College (Fotografie)
1978 – 80	Bayerische Staatslehranstalt für Fotografie in München
1980 – 82	Architekturstudium an der TU Berlin
1983 – 86	Architekturstudium an der TU München, Diplom
1989 – 1996	wissenschaftlicher Assistent am Lehrstuhl für Entwerfen, Raumgestaltung und Sakralbau, Prof. Friedrich Kurrent, TU München
1997 – 2000	wissenschaftlicher Assistent am Lehrstuhl für Raumkunst und Lichtgestaltung, Prof. Hannelore Deubzer, TU München
seit 2000	eigenes Architekturbüro in München

Franz Peter / Franz Wimmer, gemeinsame Arbeiten:

1986	„Die Augustinerkirche – ein verlorenes Werk von J. M. Fischer", Ausstellung in Ingolstadt
1987	Mitarbeit an der Döllgast-Ausstellung in der Allerheiligen-Hofkirche der Münchner Residenz
1995	J. M. Fischer-Ausstellung (Wanderausstellung)
1998	„Von den Spuren", Buch über den interpretierenden Wiederaufbau im Werk von Hans Döllgast, Verlag A. Pustet, Salzburg
1999	Katalog zur J. M. Fischer-Ausstellung in Altomünster

Literatur (Auswahl)

Dischinger Gabriele/Peter Franz, Johann Michael Fischer, 1692 – 1766, Bd. I, Tübingen 1995

Dischinger Gabriele/Karnehm Christl, Johann Michael Fischer, 1692 – 1766, Bd. II, Tübingen /Berlin 1997

Ernst Harro, Der Raum bei Johann Michael Fischer, Diss. München 1950 (Ms.)

Feulner Adolf, Johann Michael Fischer, Wien 1922

Feulner Adolf, Bayerisches Rokoko, München 1923, S. 44 – 56

Feulner Adolf, Bayerische Baukunst im 18. Jahrhundert, in: Baukunst, Heft 1; 1925, S. 200 – 208

Feulner Adolf, Historische Architektenbilder, in: Baukunst, Heft 1, 1925, S. 220 – 224

Freiermuth Otmar, Die Wandpfeilerhallen im Werk des Johann Michael Fischer, in: Das Münster, 8, München 1955, S. 320 – 332

Hagen-Dempf Felicitas, Der Zentralbaugedanke bei Johann Michael Fischer, München 1954

Hauttmann Max, Geschichte der kirchlichen Baukunst in Bayern, Schwaben und Franken 1550 – 1780, München-Berlin-Leipzig 1921, S. 47 – 49, S. 168 – 185, S. 256 – 258

Heilbronner Paul, Studien über Johann Michael Fischer, Diss. München 1933

Levinger Martina, Aufhausen, Ingolstadt und Berg am Laim: Drei Raumschöpfungen des Johann Michael Fischer im Vergleich, Mag.arb. München 1998

Lieb Norbert, Münchener Barockbaumeister, München 1941, S. 116 – 117

Lieb Norbert, Johann Michael Fischer, Baumeister und Raumschöpfer im späten Barock Süddeutschlands, Regensburg 1982

Lieb Norbert, Barockkirchen zwischen Donau und Alpen, München 1992

Möhring Harald, Johann Michael Fischers Kirchenbauten, Diss. Stuttgart 1992

Neumann Günther, Die Gestaltung der Zentralbauten Johann Michael Fischers und deren Verhältnis zu Italien, in: Münchener Jahrbuch der Bildenden Kunst, 3. Folge, II, München 1951, S. 238 – 244

Norberg-Schulz Christian, Architektur des Spätbarock und Rokoko, Stuttgart-Mailand 1975, S. 129 – 145, S. 342, S. 385

Rupprecht Bernhard, Die bayerische Rokoko-Kirche, Kallmünz 1959, S. 75 – 87

Schütz Bernhard, Die kirchliche Barockarchitektur in Bayern und Oberschwaben 1580 – 1780, München 2000

Schütz Bernhard, Rott am Inn und die Zentralbauten Johann Michael Fischers, in: W. Birkmaier (Hg.), Rott am Inn, Weißenhorn 1983, S. 86 – 104

Stalla Robert, Die Kurkölnische Bruderschafts-, Ritterordens- und Hofkirche St. Michael in Berg am Laim, Weißenhorn 1989

Abbildungsnachweis

Architekturwerkstatt
Klaus-Jürgen Probst, München
S. 26 rechts, S. 55, S. 56, S. 57, S. 109, S. 116 rechts, S. 117 links und rechts, S. 118 rechts, S. 119 links und rechts, S. 147

Pfarrarchiv Kirchham
S. 13 rechts

Stadtarchiv Ingolstadt
S. 65 links und rechts, S. 66 links und rechts, S. 67

Stefania Peter
S. 152

Alle anderen, hier nicht einzeln aufgeführten Fotografien stammen von Franz Wimmer, München
Alle anderen, hier nicht aufgeführten Planzeichnungen stammen von Franz Peter, München

Die Deutsche Bibliothek - CIP-Einheitsaufnahme

Johann Michael Fischer : 1692 - 1766 / [Text, Planzeichn., Rekonstruktionen: Franz Peter. Fotogr.: Franz Wimmer]. - Salzburg : Pustet, 2002
  ISBN 3-7025-0452-4

© 2002 Verlag Anton Pustet
A–5020 Salzburg, Bergstraße 12

Sämtliche Rechte vorbehalten.
Gedruckt in Österreich.
Text, Planzeichnungen, Rekonstruktionen: Franz Peter
Fotografie: Franz Wimmer
Umschlaggestaltung: A & H Haller Graphikdesign, Wien
Buchgestaltung: Franz Peter, Franz Wimmer
Druck: Salzburger Druckerei
ISBN 3-7025-0452-4

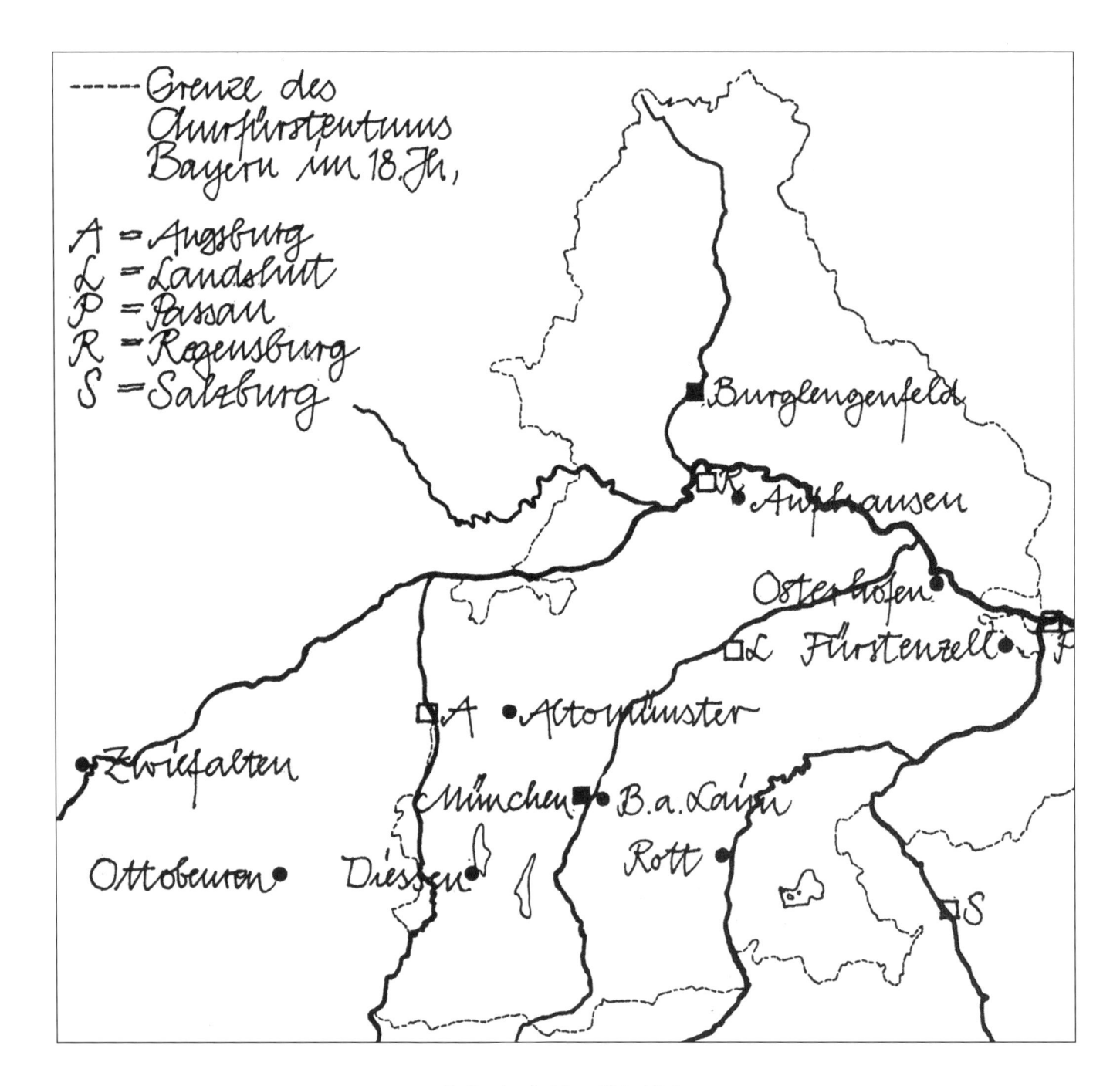

Die Hauptwerke Johann Michael Fischers